Ruth Nezmahen

Glücksorte in Graz

Fahr hin & werd glücklich

D

Dieses

Glücksbuch

ist für

Liebe Glücksuchende,

es ist ein Glück, in Graz eine Zeit seines Lebens zu verbringen. Graz hat nämlich viele Gesichter und für jeden Geschmack und für jede Zeit etwas zu bieten. Eine kleine Großstadt oder eine große Kleinstadt? Graz ist jedenfalls eine Stadt der Gegensätze, die man gesehen haben MUSS: UNESCO-Weltkulturerbe und gleichzeitig City of Design, Studentenstadt und „Pensionopolis" – hier lebt man ein Leben zwischen Bauernmärkten und „friendly Aliens" (Grazer Kunsthaus). Der historische Flair einer Kaiserstadt vermischt sich mit mediterraner Architektur und jungen Ideen. Die Stadt wird von den Grazern und Grazerinnen mit Begeisterung „gelebt" und belebt. Sie ist ein Geheimtipp für Besucher und Besucherinnen, die das Authentische suchen. Die Stadtviertel von Graz spiegeln die geschichtliche Entwicklung wider, vom historischen Altstadtkern bis zur Smart City, von den Universitäten bis zu den Gastgärten, von der Oper bis zu den Straßenfestivals. Es gibt unzählige kleine und große Glücksorte zu entdecken und dazu möchte ich herzlich einladen.

Ruth Nezmahen

Deine Glücksorte …

... noch mehr Glück für dich

Dalai Lamas Lieblingsplatz

1 Der Friedensstupa im Volksgarten

Es ist ein Glücksort der besonderen Art, ein spiritueller Platz, der eine besondere Aura hat. Man findet ihn inmitten des sonst oft verkannten Volksgartens. Auf einer Wiese sieht man schon von der Ferne den Stupa. Dieses buddhistische Heiligtum wurde 1998 vom Dalai Lama persönlich eingeweiht und war der erste Stupa in Österreich auf öffentlichem Boden. Das exotisch anmutende Heiligtum symbolisiert Frieden, Weisheit und Mitgefühl. Jeder und jede ist eingeladen, unabhängig von der Konfession, hier zu meditieren und Glück zu erfahren. Der Stupa wurde nicht zufällig im Volksgarten Park erbaut. Der Park steht nämlich auch für Toleranz und Weltoffenheit, gilt als „Multikulti-Treffpunkt“ und steckt voller Überraschungen. Das Buddhistische Zentrum in der Annenstraße, welches ebenfalls vom Dalai Lama eingeweiht wurde, ist ganz in der Nähe.

TIPP

Wer im Uhrzeigersinn um den Stupa schreitet, holt sich die Extraportion Glück.

Wenn man schon einmal den Volksgarten betreten hat, dann sollte man sich noch weiter umsehen. Die Initiative „Annenviertel“ organisiert so manch verrückte Aktivität hier im Park, gratis und mit Spaßgarantie. Zweimal in der Woche wird ein sogenanntes Rundgangerl an den Tischtennistischen gespielt. Es gibt Fußballturniere, die „Guten-Morgen-Disko“ mit dem klingenden Namen „Tanzen unter Pflanzen“, „Yoga zur Rettung der Welt“ und vieles mehr. Dabei werden schnell Kontakte geschlossen. Außerdem kann man im Volksgarten täglich und zu jeder Zeit an den Sportgeräten trainieren, den Skatepark ausprobieren, den tollen Kinderspielplatz besuchen und – falls der Vierbeiner mit dabei ist – die Hundewiese nutzen. Hier ist also immer etwas los. Wer lieber allein „das grüne Herz der rechten Murseite“ genießen möchte, kann ganz einfach entlang des Mühlgangs wandern, dem Wasserrad lauschen, an den Kräutern im Park riechen, im Schatten des Stupas meditieren und eine Lieblingsparkbank auswählen. Welche hätte der Dalai Lama wohl ausgesucht?

- Volksgarten Graz, Mühlgasse 25, 8020 Graz
- ÖPNV: Straßenbahn 1, 4, 6, 7, Haltestelle Roseggerhaus, oder Bus 40, 67, Haltestelle Volksgartenstraße

Umwirbelte Kirche

2 Mariahilferkirche und Kulturzentrum Minoriten

Die Mariahilferkirche steht am gleichnamigen Platz am rechten Murufer mit herrlichem Blick auf Schlossberg und Uhrturm. Durch das Tor links vom Haupteingang gelangt man in den schönen Kreuzgang und vorbei am Kirschbaum geht es weiter zum Kulturzentrum Minoriten, das seit jeher mit Musik, Kunst und zahlreichen privaten und öffentlichen Veranstaltungen ganz unterschiedlicher Art lockt. Alles zusammen bildet ein imposantes Ensemble mitten in der Stadt. Weniger bekannt ist die große Freifläche hinter der Kirche, in der sich bis heute kleine private Gärten gehalten haben. Mit dem Blick auf Obstbäume und Vorstadthäuser und mit Sicht auf den Schlossberg fühlt man sich sofort in frühere Zeiten versetzt. Schließlich war der heutige Bezirk Lend ein Grazer Vorort. Sehr ländlich und handwerklich war er geprägt vom Handel an der Mur, als die Flößer am Lend noch anlegten. Die kleinen Obstgärten hinter den Häusern der Mariahilferstraße sind teilweise erhalten geblieben. Die alten Mühlengebäude gibt es ebenfalls noch, auch wenn sie nun neue Bewohner beherbergen.

TIPP

Die Vorstadtgärten hinter der Kirche besuchen.

Von weit her sieht man schon die Türme der Mariahilferkirche aus der Dachlandschaft ragen. In der Wallfahrtskirche befinden sich nicht nur barocke Kunst, Kapellen und die Gräber der Eggenberger, sondern auch Modernes und Buntes und moderne Kunst. Diese katholische Kirche ist offen für die nie enden wollenden Ideen des Viertels und seiner Bewohnerinnen und Bewohner. Hier gibt es Flohmärkte beim Mariahilferstraßenfest, Kinder-Basteln beim Festival Lendwirbel und Ausstellungen im Kultum. Jedes Jahr im Advent lassen sich bunte Visuals auf der Kirchenfassade bestaunen und auch beim Festival Klanglicht wurde die Kirche schon einmal Teil einer großen urbanen Lichtershow. Wie selbstverständlich wird die Kirche in das wilde, oft eher alternative Leben des Lendviertels eingebunden.

- Kulturzentrum Minoriten, Mariahilferplatz 3, 8020 Graz, www.minoriten.at/graz
- ÖPNV: Straßenbahn 1, 4, 6, 7, Haltestelle Kunsthaus

Mitmachen erlaubt

3 Das Festival Lendwirbel

Ein besonderes Festival, das seit Jahren seine Unabhängigkeit bewahren konnte und das als verrücktes Vorzeigeevent eines verrückten Viertels gilt, ist der Lendwirbel. Eine Woche lang, meistens die erste Maiwoche, verschwimmt die Grenze zwischen Bühne und Publikum, (fast) alles ist möglich und erlaubt, mitmachen und austoben ist sogar ausdrücklich erwünscht. Das Lendviertel stellt sich vor, und zwar mit „Bomben und Granaten", mit Theater, Musik, Workshops, Streetfood und sozialkritischen Diskursen. Von Tanzkaraoke bis Kinder-Basteln, vom Schlagergarten Gloria bis zum Selbstbegrünungsworkshop, auf den Straßen, in den Lokalen und in den Auslagen wird gewirbelt. Tausende Besucher und Besucherinnen zieht das Festival jedes Jahr an, das einmal ganz klein und spontan mit einer Shop-Eröffnung begonnen hat. Spontan und ehrlich ist es geblieben und es kommt bis heute ohne große Sponsoren aus, ohne Werbe-Einschaltungen und ohne strenge Kontrollen und Überwachung, ohne Tickets und ohne Absperrungen. Es ist ein Nachbarschaftsfest von und für Lendler und Lendlerinnen, aber vor allem auch für neugierige Gäste und Menschen, die Spaß haben wollen.

Über die Jahre hat der Lendwirbel oft aufgezeigt wie wandlungsfähig dieser Bezirk ist und wie sehr sich gerade die sogenannte andere Murseite, nämlich das rechte Flussufer, verändert. Den Ruf des „Scherbenviertels" und des „Rotlicht-Viertels" hat Lend wohl ein für alle Mal abgelegt. Die vormals armen Vorstadtbezirke Lend und Gries haben sich zu jungen Kreativvierteln weiterentwickelt, in denen man vor Veränderungen keine Angst hat. Sie erfinden sich immer wieder neu und bleiben am Puls der Zeit. Man darf gespannt sein, wohin sich der Grazer Westen weiterentwickelt, garantiert bleibt hier kein Stein auf dem anderen.

TIPP

Den Startschuss zum Lendwirbel gibt jedes Jahr der Schlagergarten Gloria im Volksgarten.

- Lendwirbel-Büro, Mariahilferstraße 24, 8020 Graz, www.lendwirbel.at
- ÖPNV: Straßenbahn 1, 4, 6, 7, Haltestelle Kunsthaus, Bus 40, 67, Haltestelle Volksgartenstraße

RAUCH

Bröckelnde Schönheit

4

Der Bauernmarkt am Hofbauerplatz

Graz ist die Stadt mit den meisten Markttagen in Europa. Jeden Tag, außer sonntags, finden in Graz gleich mehrere Lebensmittelmärkte in fast allen Bezirken statt. Der Geheimtipp unter den Grazer Bauernmärkten ist eindeutig der Hofbauermarkt im Bezirk Eggenberg. Mittwoch-, Freitag- und Samstagvormittag können hier steirische Spezialitäten erworben werden. Diese Köstlichkeiten kommen stets aus der unmittelbaren Umgebung der Stadt. Das Gemüse, das Fleisch, die Blumen und viele andere Dinge werden von den Bauern und Bäuerinnen direkt, das heißt ohne Zwischenhändler, vermarktet. Wer steirische Produkte nicht kennt, kann sich hier auf ein neues Geschmackserlebnis freuen. An den Markttagen werden auf den Terrazzo-Tischen landwirtschaftliche Produkte „zum Anbeißen" präsentiert. Am Nachmittag werden die Tische oft von der Jugend in Beschlag genommen. Was den Hofbauermarkt von allen anderen Märkten in Graz unterscheidet, ist die Architektur der Markthalle. Auf den ersten Blick wirkt sie brutal, massiv und kalt. Doch auf den zweiten Blick erkennt man den Charme dieses denkmalgeschützten Gebäudes mit einer Vielzahl an interessanten Blickwinkeln. Es entstammt der Grazer Schule der Architektur der 1960er-Jahre. Vor Regen geschützt und dennoch im Freien – diese Konstruktion wurde von Franz Forstlechner für den Bauernmarkt entworfen und 1972 gebaut. Nicht alle empfinden diese Art von Architektur als schön. Doch sind nicht alleine schon die Terrazzo-Tischplatten ein Kunstwerk für sich? Es gibt heute nur einige wenige Bauten aus den späten 1960er- und 1970er-Jahren in Graz, die im Stil des Brutalismus erbaut wurden. Der Zahn der Zeit ist in den massiven Betonstützen bereits zu sehen, weshalb das Dach derzeit originalgetreu restauriert wird. Bleibt zu hoffen, dass diese bröckelnde, aber lebendige Schönheit erhalten bleibt.

TIPP

Noch eine spektakuläre Architektur, das Eggenberger Bad „Die Auster" ist vom Markt aus zu sehen.

- Hofbauermarkt, Hofbauerplatz, 8020 Graz, www.eggenberg.at/bauernmarkt/
- ÖPNV: Straßenbahn 1, Haltestelle Vinzenzgasse, Straßenbahn 7 oder Bus 62, 65, Haltestelle Eggenberger Allee

Freilandeier

Royales Picknick

5 Im Schlosspark Eggenberg

Wo hat man schon die Möglichkeit, mit Blick auf ein Weltkulturerbe in Gesellschaft von Pfauen auf perfekt gepflegtem Rasen meistens in Ruhe zu picknicken? Das geht nur auf der Picknickwiese des Schlosses Eggenberg. Das Schloss, das bereits Ende des 17. Jahrhunderts sein heutiges Aussehen erhielt, steckt voller Symbolik: Vier Türme stehen für die vier Jahreszeiten, 365 Fenster für die Tage im Jahr, zwölf Tore symbolisieren die zwölf Monate. Die Prunkräume sind mit sage und schreibe 500 Deckengemälden geschmückt. 2010 wurde das Schloss in die Liste des Weltkulturerbes aufgenommen, auch deshalb, weil es in den Prunkräumen bis heute kein Wasser und Strom gibt, sie befinden sich also im Originalzustand. Die Prunkräume im zweiten Stock darf man im Rahmen einer Führung besuchen und damit reiht man sich in eine illustre Besucherliste ein, auf der auch Maria Theresia und Queen Elisabeth II. stehen. Ganz im Stile der Zeit wurde um das Schloss herum zuerst ein barocker Garten angelegt, der schließlich in einen englischen Landschaftsgarten umgewandelt wurde. Dieser wird gepflegt und immer wieder um neue Attraktionen alter Pläne erweitert, wie dem Rosenhügel oder dem Planetengarten. Zahlreiche Naturdenkmäler sieht man ebenso im Schlosspark wie Tiere. Die gab es schon immer hier im Park, wildlebend oder extra gezüchtet. Manche Grazer und Grazerinnen können sich sogar noch an das Damwild erinnern, dass im Schlossgraben gehalten wurde. Aber die wahren Fürsten sind bis heute die Pfauen. Man sollte ihnen nicht im Weg stehen, denn sie sind frech und willensstark und wollen ans Ziel, egal was am Weg steht oder sitzt. Zum Glück für uns Menschen zeigen sie auch gerne ihre Pracht und sind daher ein beliebtes Fotomotiv. Zurück zum Picknick: Nur in einem Teil des Parks ist es erlaubt, den Rasen zu betreten, nämlich auf der Picknickwiese. Decken, Jause und Körbe dürfen selbst mitgebracht werden oder können auch bestellt und im Parkpavillon abgeholt werden. Nach einem ausgiebigen Museumsbesuch und einem Spaziergang durch den Park ist das Picknick ein idealer Anlass, das Erlebte Revue passieren zu lassen.

TIPP

In den Sommermonaten gibt es Führungen bei Kerzenlicht durch das Schloss.

- Eggenberger Schlosspark, Eggenberger Allee 90, 8020 Graz, Tel. +43 (316) 80 17 95 60
www.museum-joanneum.at/schloss-eggenberg-prunkraeume-und-gaerten
- ÖPNV: Straßenbahn 1, Haltestelle Schloss Eggenberg

Der Weg ist das Ziel

6 Fahrt mit der Straßenbahnlinie 1

Die Straßenbahn, in Graz „Bim" genannt, ist das beliebteste öffentliche Verkehrsmittel und der gemütlichste Weg, die Stadt zu erkunden. Eine Linie ist besonders zu empfehlen: die Straßenbahnlinie Nummer 1, die zwischen Eggenberg und Maria Trost verkehrt. Unsere Fahrt beginnt in Eggenberg (es darf aber auch an jeder anderen Station zugestiegen werden), vorbei am Weltkulturerbe Schloss Eggenberg. Weiter geht es vorbei am modernen Eggenberger Bad, der „Auster", an der Fachhochschule Joanneum und am Hauptbahnhof, wo die Straßenbahn kurz zu einer U-Bahn wird. Ab geht's durch die Annenstraße und vorbei am Kunsthaus, das bei uns das „friendly Alien" genannt wird, über die Mur auf die linke Murseite. Nach dem wichtigsten zentralen Stopp am Grazer Hauptplatz fährt die Straßenbahn glücklicherweise im Schritttempo durch die Herrengasse und die Grazer Altstadt, sodass man einen schnellen, aber wunderbaren Eindruck vom Weltkulturerbe Grazer Innenstadt bekommen kann.

„Nächste Haltestelle Jakominiplatz, central transfer point", lässt die Ansage in der Bim verlauten. Und weiter rollen wir zum Kaiser-Josef-Platz, wo man zwischen dem ältesten Bauernmarkt und der Grazer Oper hindurchfährt. Dann heißt es ab ins Univiertel. Die Technische Universität und die Gebäude der Universität für Musik und darstellende Kunst liegen hier am Weg.

Weiter geht die Fahrt Richtung Grazer Osten durch bürgerliche Straßen und das pittoreske Villenviertel, vorbei am Schlössl am Hilmteich mit der schönsten Haltestelle der Stadt. Schließlich nimmt hier die Fahrt eine weitere Wendung: Bis zur Endstation Maria Trost hat man das Gefühl, durch eine große Parklandschaft zu fahren, durch Waldstücke und vorbei an kleinen Siedlungen und Villen, bis dann schließlich die Türme der imposanten Wallfahrtskirche Maria Trost zu sehen sind. Wem diese Fahrt gefallen hat, steigt hier genau am richtigen Ort aus, denn die Endstation Maria Trost ist auch gleichzeitig das Zuhause des Tramway Museum Graz.

TIPP

Mit einem Tagesticket oder Touristenticket liegt man meist günstiger und kann mit allen „Öffis" in Graz fahren.

- ÖPNV: Straßenbahn 1, Haltestelle Hauptplatz, Tel. +43 (316) 8 87 42 24, www.holding-graz.at/de/mobilitaet/, App: BusBahnBim

Sommerliche Fata Morgana

7 Die Schneemannskulptur im Innenhof des Priesterseminars

Die Grazer Altstadt ist nicht nur berühmt für die wunderschöne Dachlandschaft, die engen Gassen und verzierten Fassaden, sondern vor allem auch für die vielen Renaissance-Innenhöfe. Wenn man so durch die Altstadt spaziert und hinter jede Ecke lugt, dann könnte man meinen durch eine italienische Stadt zu spazieren, so tonangebend ist der Renaissancestil hier in Graz, dazu kommt noch das warme Klima der Pannonischen Tiefebene und das rege Treiben auf den Straßen. An heißen Sommertagen ist aber auch für Abkühlung gesorgt. In den Arkaden-Innenhöfen herrschen stets angenehme Temperaturen und es weht ein laues Lüftchen, schattige Arkadengänge kühlen die Altstadt etwas ab. Autos hat man weitestgehend aus der Innenstadt verbannt und stattdessen Bäume gepflanzt und Lebensraum zurückerobert. Kein Wunder, dass die Grazer Höfe so gerne genutzt werden. Viele sind noch heute in Privatbesitz, in anderen hat sich Gastronomie angesiedelt und Geschäfte.

Ein Hof hat einen ganz speziellen Bewohner. Im Hof des Priesterseminars, dem größten Innenhof der Stadt, steht winters wie sommers ein Schneemann. Dieses Kunstwerk von Manfred Erjautz ist ein Symbol für die Zeit und die Vergänglichkeit. Dieser kalte Mann wird aber nicht schmelzen, denn er ist aus Marmor und freut sich das ganze Jahr über Besuch. Vor allem für Kinder ist der Schneemann die wichtigste Sehenswürdigkeit der Stadt. Ursprünglich gehörte der Komplex dem Jesuitenkollegium. Die Jesuiten trieben um 1600 die Gegenreformation voran und versuchten, durch Bildung vor allem die Söhne der Adeligen wieder zum Katholizismus zu erziehen. Nicht zufällig wurde 1585 die Grazer Universität gleich anschließend an diesen Gebäudekomplex gegründet. Die Jesuitenpater waren dort die ersten Professoren. Neben dem Eingang zum Diözesanmuseum ist noch heute über einem Tor die Schrift „Universitas“ zu lesen. Für welchen Fachbereich sich der Schneemann wohl eingeschrieben hat?

TIPP

Köstliches Schleckeis gibt es ganz in der Nähe im Grazer „Eis-Epizentrum“ Sporgasse.

- Priesterseminar, Bürgergasse 2, 8010 Graz, Tel. +43 (316) 80 42 71 00
www.priesterseminar.graz-seckau.at
- ÖPNV: Bus 30, Haltestelle Palais Trauttmansdorff/Urania

Neue Kunst im alten Rahmen

8

Das Kunstfestival Klanglicht

Graz ist eine Stadt mit vielen Titeln: UNESCO-Weltkulturerbe, Studentenstadt, Pensionopolis, Stadt der Sprachen und Stadt der Menschenrechte, Genusshauptstadt und seit 2011 darf Graz sich auch „UNESCO City of Design“ nennen. Dieser Titel wurde der Stadt verliehen, weil sie zum Beispiel eine sehr lebendige Designszene hat, international erfolgreiche Künstler und Künstlerinnen in Graz ihre Ausbildung gemacht haben und modernes Design auch in der Altstadt an fast jeder Ecke sichtbar ist. Diese Kombination ist weltweit einzigartig, hier wird Alt und Neu immer wieder miteinander verknüpft.
An einem Wochenende im Frühling oder Herbst dürfen im Rahmen des Klanglicht-Festivals der Bühnen Graz in der Grazer Innenstadt und an wechselnden Orten in anderen Bezirken internationale und heimische Künstler ihr visuelles und akustisches Können unter Beweis stellen. Die verrückten Figuren, Filme, Formen, Installationen, Lichterspiele und Klänge werden jedes Jahr in die historische Altstadt, die Innenhöfe und in die engen mittelalterlichen Gassen oder in die barocken Fassaden beispielsweise des Schlosses Eggenberg integriert. In Graz hat man schon einiges dieser Art gesehen, denn alte Fassaden bunt zu beleuchten ist hier eigentlich schon zur Tradition geworden, wird doch auch jedes Jahr im Advent das Rathaus von unseren „local heroes“ OchoReSotto bunt erleuchtet, ebenso die Mariahilferkirche hinter dem „Circus Wonderlend“ im Advent. Das Klanglicht-Festival überrascht dennoch jedes Mal aufs Neue. Die Verschmelzung von Soundeffekten, Kurzfilmen, Figuren und beleuchteten Elementen, also verschiedener Kunstformen, ist jedes Jahr ein magisches Fest der Sinne. Ein abendlicher Stadtspaziergang von einem Schauplatz zum anderen ist beim Klanglicht-Festival ein Muss.

TIPP
Aktuelle Infos und Tickets gibt es im Grazer Tourismus Büro.

● Graz Tourismus, Herrengasse 16, 8010 Graz, Tel. +43 (316) 8 07 50
www.klanglicht.buehnen-graz.com

Dirndl und Lederhose

9

Handwerkskunst im Steirischen Heimatwerk

Graz ist die Hauptstadt der Steiermark und die Steirer und Steirerinnen lieben und pflegen ihre Bräuche und Eigenheiten. Man könnte sagen, dass sie besonders stolz sind auf ihre grün-weiße Kultur, ihren Dialekt (der teilweise nicht mal mehr im Nachbardorf verstanden wird) und ihre Tracht. Das Steirische Heimatwerk ist im Stadtzentrum in der Sporgasse angesiedelt und verkauft nicht nur fertige Dirndl und Lederhosen für Erwachsene und Kinder, sondern auch Stoffe, um sich selbst eine Tracht zu nähen. Beim Anblick dieser Dirndlstoffe kommt man regelrecht ins Schwärmen. Ein Stoff ist schöner, bunter, blumiger als der andere. Wie kann man sich da bloß entscheiden? Etwas sollte man bei einem Kauf allerdings bedenken: Ein Dirndl und eine Lederhose bleiben in der Familie über Generationen, denn sie kommen nie aus der Mode. Gerade in den letzten Jahren hat die Tracht in Österreich einen enormen Aufschwung erlebt. Vor allem auch junge Österreicherinnen und Österreicher besitzen oft gleich mehrere „trachtige" Stücke.

TIPP

Im Volkskundemuseum erfährt man mehr über die Hintergründe und die Geschichte der Tracht.

Die Farbkombinationen der Dirndl sind von Region zu Region unterschiedlich. Natürlich darf mittlerweile aber auch nach Lust und Laune kombiniert werden. Auch hinter den Details der Lederhosen steckt viel Symbolik und eine Hose verrät den Eingeweihten sofort, woher sie kommt, ob der Träger verheiratet ist, wie reich er ist und womit er sein Brot verdient. Viele Dinge, die es zu bedenken gibt beim Kauf einer Tracht. Die Entscheidung für eine Stoffkombination ist gefallen? Na, dann beginnt erst die richtige Arbeit: Ein Dirndl zu nähen ist nichts für Anfänger und Anfängerinnen, dennoch sollte man es einmal im Leben versucht haben. Einige heimische Schneider und Schneiderinnen bieten Kurse an und greifen einem gerne unter die Arme, damit das Dirndl dann auch richtig sitzt. Sollte das perfekte Kleid schon auf der Stange hängen, dann sollte man gleich zuschlagen. Mit Tracht ist man zu jedem Anlass gut gekleidet und wenn man ehrlich ist, ein Dirndl oder eine Lederhose schmeichelt jeder Figur.

● Steirisches Heimatwerk/Volkskultur Steiermark GmbH, Sporgasse 23, 8010 Graz, Tel. +43 (316) 8 27 10 66, www.heimatwerk.steiermark.at

● ÖPNV: Bus 30, Haltestelle Schauspielhaus

Kaffeeklatsch im Hörsaal F

10

Im Rosengarten des Café Fotter

Das altehrwürdige Café Fotter wird unter eingefleischten Studenten auch „Hörsaal F“ genannt, weil böse Zungen behaupten, dass mehr Studenten und Studentinnen bzw. Professoren und Professorinnen im Café Fotter sitzen als in den Hörsälen der Universität. Tatsache ist, dass die besten, auch wissenschaftlichen Gespräche bei Kaffee und Kuchen stattfinden. Wer weiß schon, wie oft die Welt gerettet wurde, weil die richtige Idee schlussendlich in einem Rosengarten wie diesem hier entstanden ist? Oder welche bahnbrechende Erfindung in einem Kaffeehaus wie dem „Fotter“ gemacht wurde?
Das Café Fotter ist jedenfalls eine Institution. Auch wenn die Betreiber schon einige Male gewechselt haben, so sind die Inneneinrichtung, die Theke, die Fassade, die Tafeln auf der Straße und der Gastgarten sowie der Rosengarten im Innenhof immer gleich geblieben. Könnten diese Wände sprechen, so würden sie so einige Geschichten erzählen. Viele Legenden ranken sich um diesen Ort, der immer schon auch als geheimer Treffpunkt für Rendezvous galt. Bekanntheit erlangte das Fotter eigentlich als Bäckerei. Doch geschäftstüchtige Verkäuferinnen boten anno dazumal allen wartenden Kunden und Kundinnen zusätzlich Getränke an und so war das Café als Treffpunkt der Studentenschaft und des Lehrkörpers geboren. Die Wiener Kaffeehauskultur, die übrigens ein immaterielles Weltkulturerbe ist, findet man auch in Graz. Das Café Fotter ist ein gutes Bespiel dafür: Wasser zum Kaffee, alle Tageszeitungen liegen aus, Treffpunkt für Wissenschaft und Künste, Thonet-Stühle und Holzvertäfelung und eine unendliche Inspirationsquelle für Literaten und Literatinnen, Künstler und Künstlerinnen. Man kann hier also leicht einen ganzen Tag vertrödeln, es wird einem garantiert nie langweilig.

TIPP

Die moderne Alternative zu Kaffee und heißem Tee ist der Grazer Eistee Makava.

- Café Fotter, Attemsgasse 6, 8010 Graz, Tel. +43 (316) 32 21 46, www.cafe-fotter.at
- ÖPNV: Bus 39, Haltestelle Zinsendorfgasse

Dashboard
Backpack Traveler Dashboard
Beiträge
Alle Beiträge
Backpack Traveler Destination
Backpack Traveler Testimonials
Medien
Seiten
Kommentare
Ninja Forms
Design

Eine Opferwurst gefällig?

11

Am Grazer Würstelstand

„Der Würstelstand gehört zum Grazer Hauptplatz, wo sich Jung und Alt trifft. Auch die Würstel sind jung und alt. Die jungen sind die Frankfurter, die knackig sind und eine ganz glatte Haut haben, und die alten sind die Krainer-Würstel, die ganz runzlig sind und fett und ‚schiarch', das heißt unhübsch. Beißt man in die Frankfurter, passiert nichts, beißt man in die Krainer, dann spritzt die Fettn bis zum Nachbarn, wie bei meiner Oma. Die Grazer tragen am Würstelstand daher immer einen Steireranzug. Am Kragen pickt die Fettn besonders gut, aber dort fällt es sowieso nicht auf." Das weiß der steirische Schriftsteller Reinhard P. Gruber über den Würstelstand zu berichten. Und man kann jedem Wort, das diese besondere Atmosphäre beschreibt, nur beipflichten.

TIPP

Als typisch steirische Zutat sollte man zu den Würsteln geriebenen Kren (Meerrettich) nehmen.

Der Würstelstand ist für den Österreicher und die Österreicherin wie ein zweites Zuhause. Man trifft sich dort in der Pause und nach der Arbeit, im Morgengrauen nach einer langen Party-Nacht. Es gibt etwas zu essen und zu trinken, meistens auch Manner-Schnitten und mittlerweile sogar das Grazer In-Getränk Makava. Und die Würste schmecken am „Standl" garantiert immer besser als zu Hause. Was ist also die geheime Zutat? Schon einmal von der Opferwurst gehört? Wenn eine Wurst „geopfert" wird, lässt man sie absichtlich im Kochwasser aufplatzen, sodass die anderen Würste durch das Wasser einen besonders guten Geschmack annehmen. Dazu kommt hinzu, dass man sich meistens hungrig an die Theke des Würstelstands stellt und die frische Luft die Magenaktivität anregt. Seit den 1920er-Jahren gibt es diesen typischen österreichischen Würstelstand schon, seitdem hat er sich auch kaum verändert, warum sollte er auch? Die Produkte und das Geschäftsmodell sind bis heute sehr beliebt und aus dem Grazer Stadtbild sind die vielen Stände nicht mehr wegzudenken.

- Würstelstände am Hauptplatz, Jakominiplatz oder Franziskanerplatz
- ÖPNV: diverse Linien, Haltestelle Hauptplatz oder Jakominiplatz

HEISSE WÜ
Ingrid's

Kunst unter freiem Himmel

12

Die Micro Galleries in der Reichengasse

In einer Seitengasse des Griesplatzes findet man die „Micro Galleries". Heimische und internationale Künstler und Künstlerinnen waren vor einigen Jahren hier in Graz zu Gast, um sich auf den Wänden der Reichengasse in Streetart-Manier auszutoben – genehmigt, selbstverständlich. Die Intention war dabei, abseits der bekannten Pfade eine zuvor dunkle und hässliche Gasse zu verschönern. Hier kann man nun durch eine Open-Air-Galerie schlendern und junge Kunst im öffentlichen Raum erleben. So hat man es geschafft, Menschen anzuziehen, die es normalerweise nicht in diese Gegend verschlagen würde. Kunstinteressierte, Touristen und Stadtführungen besuchen die Micro Galleries. Ein paar Spraydosen hatten hier eine große Wirkung. Streetart war in Graz übrigens auch ein Kriterium für die Verleihung des Titels „UNESCO City of Design". Künstler wie Josef Wurm, Robin Good, Neo, Nychos und viele mehr stellen ihre Werke mittlerweile auf der ganzen Welt aus. Sie sind zu Berühmtheiten geworden und doch haben sie ganz klein im Grazer „Untergrund" angefangen.

TIPP

Bei www.-discovergraz.at gibt es die Führung „Von Streetart bis Streetfood".

Streetart ist fast wie eine Sprache, sozialkritisch, mit viel Humor oder auch obszön. Die Sprache wird nicht immer verstanden und soll Menschen außerhalb der Szene gar nicht unbedingt ansprechen. Die Jagd nach besonderen Motiven und neuen Stücken kann schon zur Sucht werden. Man sieht die Stadt plötzlich mit ganz anderen Augen. Neben der künstlerischen Bedeutung darf der soziale Aspekt nicht vergessen werden. Ein noch so kleiner Sticker auf einer Laterne, ein Buchstabe oder nur eine Zahl ist wie ein Stimmungsbarometer der Bevölkerung. Was beschäftigt die Menschen der Stadt? Was wollen sie offiziell nicht sagen, nur heimlich an Wände schreiben? Worüber lacht die Stadt? Das Studieren von Graffitis bedeutet auch immer das Studieren der Menschen und deren Gefühle. Doch man muss schnell sein, die bunten Wände von Graz wandeln sich fast täglich, in der Straßenkunst ist nichts für die Ewigkeit.

● Micro Galleries Graz, Reichengasse Nähe Griesplatz, www.microgalleries.org/graz
● ÖPNV: Bus 31, 32, 33, 35, 39, 40, 67, Haltestelle Griesplatz

VIE
"8372

Auf Pilgerreise

13 Auszeit an der Franziskanerkirche

Das Franziskanerkloster am Franziskanerplatz ist das älteste Kloster der Stadt und noch immer ein Zuhause und ein Arbeitsplatz für Franziskanermönche. Das Kloster war eine bedeutende Pilgerstation für Gläubige auf dem Weg nach Santiago di Compostela. Die frühere strategisch wichtige Lage neben dem am meisten frequentierten Stadttor an der Hauptbrücke lässt sich bis heute erahnen. Noch heute sind die kleinen Geschäfte an der Kirchenwand erhalten, die früher alle wichtigen Waren angeboten haben, die Reisende und Pilger brauchten. Heute bekommt man hier Gebäck, Schmuck, Mode für Kinder und Trachten für Kinder, Lebkuchen und Schokolade sowie Taufkerzen. Da lässt es sich schon wieder leichter weiterpilgern.

Dieser alte Platz steckt voller Geschichten und ist gleichzeitig lebendiger als je zuvor. Ein Ort der Stille, abseits des geschäftigen Treibens und fern der typischen Touristenpfade ist der Kreuzgang des Klosters. Er ist öffentlich über die unscheinbare Hintertüre zugänglich. Im Kreuzgang findet man einen uralten Friedhof, mit interessanten Grabsteinen aus dem 16. und 17. Jahrhundert. Immer wieder wurden das Kloster und die Kirche erweitert, restauriert und verändert. So ist der Boden im westlichen Teil des Kreuzganges angehoben aufgrund der unzähligen Überschwemmungen, die es hier so knapp neben der Mur gegeben hat. Das erkennt man an den Türen, die in den Hof hinausführen und durch die man mittlerweile bergabsteigen muss. Im Freien gibt es neben Rosen und anderen Pflanzen Bänke, die zum Verweilen einladen. Es ist gestattet und gern gesehen, wenn sich Menschen der Stadt hier eine kleine Auszeit gönnen und die Seele baumeln lassen. Verweilt man hier eine Zeit lang, so bemerkt man, wie ganz plötzlich eine wunderbare Ruhe einkehrt und eine Pilgerreise eventuell gar nicht mehr notwendig ist.

TIPP

Bei den Franziskanern kann man exklusive Führungen durch das Kloster buchen.

- Franziskanerkloster Graz, Franziskanerplatz 14, 8010 Graz, Tel. +43 (316) 82 71 72 www.franziskaner-graz.at
- ÖPNV: diverse Linien, Haltestelle Hauptpatz

Im Reich der Buchstaben

14 Der Verein Druckzeug

In regelmäßigen Abständen kann man an Tagen der „offenen Werkstätten" in das Reich der Buchstaben eintauchen und die alte Druckerei Alexander Bauer besichtigen. Zwischen riesigen alten Maschinen und vielen Holzladen, bestückt mit unendlich vielen Buchstaben, bekommt man eine kurze Führung und darf dann auch schon selbst loslegen. Man kann eigene Postkarten, Poster, Einladungen oder Visitenkarten drucken. Genügend Inspiration findet man an den Wänden und so manch gute Idee entsteht, sobald man das leere Stück Papier in der Hand hält. Komisch, wie faszinierend ein winziger Buchstabe auf einem kleinen Holzblock sein kann, wenn man bedenkt, was er alles schreiben könnte und auch schon geschrieben hat.

Wir befinden uns auf den Gründen der Bürgerspitalsstiftung, in Räumen, in denen einst mittellose Pestkranke behandelt wurden und dann jahrelang die Spitalsküche untergebracht war. 1867 zog hier eine Druckerei ein. Genauso wie heute muss sie damals ausgesehen haben, sogar die Luft riecht wohltuend antik, die Böden knarren, die Maschinen rattern. Der Leiter des Vereins Wolfgang Khiel erklärt dennoch, dass es heute hier um einiges ruhiger ist als anno dazumal, als im Hof noch die Post angesiedelt war und die Druckerei noch neun Mitarbeiter und Mitarbeiterinnen beschäftigte. Die letzte Besitzerin der Druckerei, Frau Bauer, geboren um 1930 (eine Dame, die ihr genaues Alter nicht verrät), lässt es sich nach wie vor nicht nehmen, bei den „offenen Werkstätten" persönlich zu erscheinen und alle neugierigen Fragen zu beantworten. Gespräche mit ihr sind wohl das „i-Tüpfelchen" des Nachmittages, um in der Sprache der Buchstaben zu bleiben. Ursprünglich wollte man hier ein Druckereimuseum einrichten, hat sich aber aus unterschiedlichen Gründen für einen Verein entschieden, weshalb man hier auch selbst Hand anlegen darf und sich als Setzmeister oder Setzmeisterin austoben kann. In diesen digitalen Zeiten tut es gut, Buchstaben und Papier zu fühlen und ein altes Handwerk auszuprobieren.

TIPP

Am besten gleich fürs ganze Jahr mit handgedruckten Karten eindecken, so schöne gibt es nur hier.

- Verein Druckzeug, Annenstraße 19, Hofgebäude (Eingang befindet sich im Innenhof), 8020 Graz, www.druckzeug.at
- ÖPNV: Straßenbahn 1, 4, 6, 7 oder Bus 40, 67, Haltestelle Roseggerhaus

meins!
sut!
BLEI-SATZ
bitte
lächeln
FESCH!
BREATHE.
ab heute machen wir's umsonst!
meins!
Y?
not

Immer am Fluss entlang

15 Der Murradweg

Kein Fluss hat mehr Bedeutung für Graz und die Steiermark als die Mur. Keiner ist größer, an keinem siedeln mehr Steirerinnen und Steirer und kein Fluss ist symbolträchtiger. Die Mur wurde für den Handel genutzt, um Mühlen zu betreiben, als Nahrungsquelle, um Feuer zu löschen, oder als schneller Transportweg. Sie ist Grenzfluss im Süden und wilder Gebirgsfluss im Norden. In Graz teilt die Mur die Stadt in zwei Hälften, die unterschiedlicher gar nicht sein könnten, wobei jede Seite ihre Vorzüge hat. Die linke Murseite beherbergt die Grazer Altstadt, die Universität, das Villenviertel. Die rechte Murseite, auch schlichtweg die „andere Murseite“ genannt, umfasst die ehemalige Murvorstadt, die „Bezirke der Zukunft“, das Schloss Eggenberg und die FH Joanneum. Grazer und Grazerinnen lieben die Mur und nutzen sie auch.

Inmitten des Flusses schwimmt das Kunstwerk von Vito Acconci, das Murinsel genannt wird. Flussabwärts am nahgelegenen City Beach ertönen Beats und Melodien zum Rauschen des Wassers. Weiter an der Mur entlang kommt man zum Augarten. Dort kann man sogar die Füße in den Fluss tauchen und auf den warmen Stegen wieder trocknen lassen. Knapp nach der Stadtgrenze bieten die Auwiesen Platz für Lagerfeuer und Grillfeste auf öffentlichem Boden. In der Mur darf auch gepaddelt werden, ob mit Kanu, Stand-up-Brett oder auf einem Surfbrett ist Geschmackssache. Doch garantiert jeder Grazer und jede Grazerin hat sich schon einmal auf den Murradweg begeben, zu Fuß oder natürlich mit dem Rad. Diese Radstrecke führt theoretisch von Salzburg bis nach Kroatien und ist insgesamt rund 475 Kilometer lang. Man durchquert drei Länder und unzählige Kulturlandschaften. Zum Spaß und kurzen Glück radeln die meisten einen kürzeren Abschnitt der sogenannten Tour the Mur. In Graz sollte man dann auf jeden Fall vom Drahtesel absteigen oder zumindest ein paar absichtliche Umwege radeln. Der Weg ist hier das Ziel und die Fahrt mit dem Rad die Chance, die Murauen außerhalb von Graz zu erkunden.

TIPP

Für eine Stadtrunde im Hotel Wiesler ein altes PuchRad ausborgen, das ist „Graz-Style“.

● Murradweg, www.murradweg.com

Echte Dino-Eier?

16

Murnockerl im Augarten

Ein Relikt aus einer anderen Zeit findet man im Grazer Augarten-Park. Diese „Dinosaurier-Eier“ sind aber nicht Millionen von Jahre alt und man muss auch nicht befürchten, dass daraus ein T-Rex schlüpft. Sie stammen aus dem Jahr 2003, als Graz Kulturhauptstadt Europas war. Dieses Jahr hatte für Graz einen enormen Aufschwung und eine große Veränderung bedeutet. Und seit damals herrscht in der Bevölkerung Stolz und Begeisterung für Kunst und Kultur. Als Kulturhauptstadt wurde Graz international bekannt und das Ereignis veränderte das Stadtbild nachhaltig. Zu der bekannten Grazer Skyline der Altstadt kamen 2003 neue Bauwerke hinzu, wie das Kunsthaus von Peter Cook und Colin Fournier, die Helmut-List-Halle von Markus Pernthaler, die Murinsel von Vito Acconci oder das Kindermuseum FRida und freD von Fasch und Fuchs.

Das neue Jahrtausend begann in Graz also quasi drei Jahre später, als Graz 2003 zur Kulturhauptstadt und zum Design-Hotspot wurde. Ein eher unscheinbares Objekt dieses Ereignisses sind die „Murnockerl“ von Hans Kuppelwieser, die 2003 neben der Erzherzog-Johann-Brücke platziert wurden. Murnockerl sind eigentlich runde Steine, die man in der Mur findet. Hier als Kunstwerk wurden sie nur dezent vergrößert. Nach einiger Zeit übersiedelte man sie in den Augarten. Dort haben sie nun ein neues Leben bekommen, man könnte sagen, eine zweite Karriere. Man kennt sie heute unter dem Namen „Dinosaurier-Eier“. Durch ihre Nähe zum Kindermuseum FRida und freD sind sie – zunächst unfreiwillig zweckentfremdet – zum Design-Kinderspielplatz geworden. Um die Eier wird herumgerannt, man kann über sie hinwegspringen, auf ihnen klettern, liegen oder balancieren und sich verstecken. Auch so kann Kunst sein, so soll Kunst sein, nicht verstaubt und hinter Glas, sondern benutzt, auf Herz und Nieren getestet und menschennah.

TIPP

Das Kindermuseum Frida und Fred ist das pure Vergnügen für Groß und Klein.

- Kindermuseum FRida & freD, Friedrichgasse 34, 8010 Graz, Tel. +43 (316) 872 77 00, www.fridaundfred.at
- ÖPNV: Bus 40, Haltestelle Österreichische Gesundheitskasse, Bus 67, Haltestelle Wielandgasse-West.

Raus auf die Straße

17 Das Straßenkunstfestival La Strada

Der Glücksort liegt manchmal ganz einfach auf der Straße. Alles was sich darauf bewegt, kann interessant sein. Alles was man auf und mit Straßen und Hausfassaden machen kann, kann sehenswert sein. Die Straße ist die Bühne. Wenn viele den Sommer auf Urlaub sind, die Hörsäle und Schulen sich leeren, dann füllen Akrobaten und Künstlerinnen die Straßen der Stadt. Sommerzeit ist La-Strada-Zeit. Was man hier im Sommer erleben kann, ist schwer in Worte zu fassen. Das Festival überrascht jedes Jahr aufs Neue und vor allem ist es unglaublich bewegend und berührend, teilweise ohne dass ein einziges Wort gesprochen wird. Stattdessen wird getanzt, geturnt und musiziert. Da stehen riesige Turngeräte am Grazer Hauptplatz, bunte Sessel hängen von den Fassaden der Altstadt, eigenartige Fahrzeuge werden in Stellung gebracht und verblüffende Instrumente gestimmt.

„Manege frei" für die Artisten aus aller Welt, die die Gassen und Gebäude der Stadt bespielen. Eine La-Strada-Aufführung kann zum Totlachen komisch sein. Meistens ist das Festival atemberaubend, wenn sich zum Beispiel Akrobaten von den Häusern abseilen. La Strada kann aber auch berührend und wunderschön sein, wenn ein stummes Stelzentheater nur mit Musik begleitet durch die Renaissancehöfe stolziert oder bunt beleuchtete Boote still durch die Murauen gleiten. Typisch La Strada ist es, wenn auch die Eltern beim Kindertheater gebannt dem Ende der Geschichte lauschen. Ohne die Sprachen der Künstler und Künstlerinnen zu sprechen, kann man die Botschaft durch die Macht der Bewegung, der Musik und der Kostüme verstehen. Jeder und jede ist eingeladen, zuzusehen und auch mitzumachen. Manchmal hat man auch gar keine andere Wahl und wird einfach auf der Straße „eingefangen".

TIPP
Die meisten Events sind gratis, die wenigen mit Eintrittspreis zahlen sich aber auch aus.

● Graz Tourismus Information, Herrengasse 16, 8010 Graz; Festival La Strada, Tel. +43 (316) 26 97 89, www.lastrada.at

Die „Gruabn"

18

Im Fußballstadion des Grazer Sportclubs

Es lebe der Sport und die schönste Nebensache der Welt: Fußball. Obwohl der internationale Erfolg österreichischer Fußballmannschaften zugegebenermaßen eher bescheiden ist und auch die meisten österreichischen Fußballer eher hobbymäßig in den unteren Ligen, den sogenannten Holzhacker-Ligen, zu finden sind, tut das den Emotionen eines richtigen Fans keinen Abbruch. Ist man Fan einer Fußballmannschaft, dann ist es egal wie „schön" die Mannschaft spielt, in welcher Liga oder in welchem baufälligen Stadion, man wird immer Fan sein. Das Champions-League-Finale kann niemals so aufregend sein wie ein Stadtderby. Naturgemäß sympathisiert man zuerst mit der Mannschaft, die gleich um die Ecke trainiert, oder für die Vater und Großvater schon gespielt haben, für den kleinen Fußballverein aus der Nachbarschaft und davon gab es vor einem halben Jahrhundert noch viel mehr. Viele Vereine sind mittlerweile verschwunden, haben fusioniert, ihre Farben und Namen gewechselt und noch viel tragischer ist es, dass die vielen kleinen Sportplätze (Stadien kann man sie eigentlich nicht nennen) aus dem Stadtbild verschwunden sind. Ein Baujuwel ist inmitten neuer Siedlungen aber noch zu finden. Dieses Stadion wird einfach nur die „Gruabn" genannt und ist aktuell das Heimstadion vom „Sportclub". Hier kann man das Leder des Fußballs, das Bier und die Würstel, ja sogar den Angstschweiß und die Aufregung noch immer riechen. Jahrzehnte voller Torjubel, Tränen, Familienausflüge und Bengalen sind hier spürbar und haben sich in das alte Holz hineingefressen. Die Holztribüne aus dem Jahre 1920, die unter Denkmalschutz steht, hat schon so einige Siege und Niederlagen, sogar Uefa-Cup-Spiele, miterlebt. Und wie man sich über Fußball aufregen kann, streiten kann und auch vor Freude weinen kann, das weiß jeder, der sich Fan nennt. Erwachsene Männer liegen sich hier in den Armen und für einen Augenblick sind alle anderen, oft viel größeren Probleme des Lebens vergessen.

TIPP

Die zwei größten Vereine GAK 1902 und SK Puntigamer Sturm Graz spielen heute im „Liebenauer Stadion".

- Grazer Sportclub Straßenbahn, Kastellfeldgasse 47, 8010 Graz, Tel. +43 (316) 83 51 82
- ÖPNV: Straßenbahn 4, 5, Haltestelle Jakominigürtel

Erholung für alle

19 Am Hilmteich

Seit jeher ein beliebtes Ausflugsziel der Grazer und Grazerinnen, aber auch der sogenannten Zugereisten sowie der Touristen und Touristinnen ist der Grazer Hilmteich. Der kleine Teich wurde ursprünglich als Eisteich verwendet, um große Eisblöcke für die Keller der Stadt zu gewinnen. Schon bald erkannte man aber, wie schön dieser Teich neben dem Leechwald und dem Villenviertel anzusehen ist. Also begann anfangs die sogenannte feine Gesellschaft hier zu flanieren und die frische Luft zu genießen, denn die hatte den Teich gleich um die Ecke. Der Weg zum Hilmteich führt nämlich durch das pittoreske Villenviertel der Stadt. Durch die sogenannte Seufzer-Allee, die Schubertstraße, die so schön ist, dass man überwältigt ist und ob so viel Anmut einfach seufzen muss. Sogar Napoleon Bonapartes Bruder, Luis Napoleon, hat einige Zeit hier in der Nähe gelebt und die Wege um den Hilmteich und durch den Leechwald fast täglich genossen.

Einige wagemutige Sportler und Sportlerinnen begannen schließlich mit dem Flanieren zu brechen und den Teich zu jeder Jahreszeit zu nutzen. So wurde der Hilmteich nicht nur ein beliebtes Ausflugsziel im Sommer, sondern auch der schönste Eislaufplatz von Graz im Winter. Das Gewässer ist Ausgangspunkt für Spaziergänge durch den Wald und Treffpunkt für Familien. Hier werden Pirouetten gedreht und es wird Hockey gespielt, Ruderboot gefahren und Kaffee getrunken, geklettert im Hochseilgarten und geschaukelt auf dem nahgelegenen Spielplatz. Was Adel und Bürgertum einst in der Biedermeierzeit entdeckt haben, ist heute ein Glücksort für alle.

TIPP

Im Hilmteichschlössel gibt es eine wunderschöne Gärtnerei und ein Kaffeehaus.

- Hilmteich, Hilmteichstraße 70, 8010 Graz, Tel. +43 (6 80) 3 19 18 12 www.hilmteich.com
- ÖPNV: Straßenbahn 1 oder Bus 41, 58, Haltestelle Hilmteich/Botanischer Garten

Auf ins „Margerl“

20 Im Margaretenbad

Schon von Weitem hört man Gelächter und Gekreische, die Schläge auf den Volleyball, Geplätscher, Vogelgezwitscher, es riecht nach Sonnencreme und nach Pommes rot-weiß. Das muss wohl ein Freibad sein, das Margaretenbad. Es hat das gewisse Etwas: Es ist klein und liegt mitten im Villenviertel, im Bezirk Geidorf. Viele Studenten und Studentinnen sind hier, denn die Universität ist nicht weit weg, aber auch Pensionäre und Pensionärinnen, die unmittelbaren Nachbarn des Bades, die meistens eine Jahreskarte besitzen und den ganzen Tag, und zwar jeden Tag, hier in der Sonne brutzeln und im Restaurant Karten spielen. Auch viele spielende Kinder und plaudernde Eltern sieht man hier, denn es gibt einen herzigen kleinen Kinderbereich mit Minirutsche. Und sogar für die, die das Schwimmen ernst nehmen, ist hier Platz, um täglich Bahnen im Sportbecken zu ziehen.

Die meisten kommen mit dem Fahrrad oder dem Moped von der Universität oder aus der Nachbarschaft. Da das Bad in einer sehr ruhigen Wohnstraße liegt, muss man schon wissen, wo man es findet. Autolärm ist fast gar nicht zu hören. Es gibt Bäume, Wiesen, nette Bademeister, noch nettere Besucher und Besucherinnen, ein gutes Lokal, Volleyballplätze und sogar eine eigene Initiative rund ums Bad, welche die Anlage vor ein paar Jahren vom Abriss bewahrt hat. Das Tollste am „Margerl“, wie es liebevoll von den Anrainern genannt wird, ist allerdings das erfrischende Wasser, das aus irgendeinem Grund immer sauber und klar wirkt und nicht nach Chlor stinkt. Nach einem Schrei (denn es ist kalt) und etwas Überwindung genießt man die willkommene Abkühlung. Danach sollte man sich sofort draußen auf den warmen Stein legen oder auf die warmen Liegen rund ums Becken und schon fühlt man sich wie neu geboren.

TIPP

Die „Grätzelinitiative Margaretenbad“ ist Anlaufstelle für kreative Menschen der Umgebung.

● Margaretenbad, Grillparzerstraße 10, 8010 Graz, Tel. +43 (3 16) 32 40 67
www.holding-graz.at/de/freizeit/margaretenbad; Grätzelinitiative Margaretenbad, www.margerl.at
● ÖPNV: Bus 39, Haltestelle Franckstraße/Margaretenbad

LET'S GO!

Flink wie ein Fuchs

21 Im Fahrradhimmel Maghanoy Wilson

In Graz fährt man gerne mit dem Fahrrad. Warum? Das liegt doch auf der Hand: Das Fahrrad ist im Stadtraum schneller als das Auto, Parkplätze sind immer leicht zu finden und es ist billiger als ein Öffi-Ticket. Viele Räder sind echte Hingucker, denn in Graz wurden einst die schönsten Räder gebaut. Die Marke „Johann Puch“ steht für Qualität und Design. Sie wurde zum Fahrradkult in Graz. Mit dem Fahrrad unterwegs sieht man einfach mehr von der Stadt. An manchen Kreuzungen und auf den Fahrradwegen kann es aber auch wild zugehen, wenn einem von allen Richtungen die Drahtesel klingelnd entgegenschießen. Dann sollte man seinen Blick doch auf den Straßenverkehr und auf die Straße richten.

Im Maghanoy bei der Keplerbrücke – Café, Concept-Store und Fahrradwerkstatt in einem – lachen flinke Füchse auf Fahrrädern von den Wänden und machen sofort neugierig. Hier darf ruhig in die Luft geschaut werden und gerastet werden nach einem Fahrradausflug. Die paar wenigen Bänke unter dem Baum vor der Tür könnten einladender gar nicht sein. Drinnen findet man Fahrradzubehör, Taschen und auch sehr fesche Fahrräder. Man kann sein Fahrrad hier „aufpimpen“ und auch reparieren lassen, sogar selbst Hand anlegen ist hier erlaubt und man bekommt Tipps vom Chef persönlich. Im Inneren, wie im kleinen „Gastgarten“ gilt: Weniger ist mehr, denn eine Holztheke, Fahrräder an der Decke, ein Teppich, ein großes Wandbild und ein paar Sitzgelegenheiten bewirken, dass man nicht gleich von Produkten erschlagen wird und einfach bleiben will. Der beste Teil nach Garten, Werkstatt und Geschäft ist das Café. Es gibt Getränke, kleine Snacks und unglaublich guten Kuchen, der von der Besitzerin täglich frisch gebacken wird. Karottenkuchen, Orangenkuchen, Cookies und Red-Velvet-Cake, so köstlich, dass man sich danach gleich wieder aufs Fahrrad werfen sollte, um die extra Kalorien wieder loszuwerden. Bestellt werden darf übrigens auch gleich über das Fenster, da müsste man nicht einmal vom Fahrrad absteigen.

TIPP

Ein paar Meter weiter, einmal abbiegen und schon ist man am Murradweg.

- Maghanoy Wilson OG, Körösistraße 1, 8010 Graz, Tel. +43 (6 81) 81 42 76 69 www.maghanoywilson.com
- ÖPNV: Straßenbahn 3, 5 oder Bus 58, 63, Haltestelle Keplerbrücke

MAGHANOY
tribe
DALLA CORTE

Genuss rund um die Uhr

22 Der Bauernmarkt am Kaiser-Josef-Platz

Er ist der älteste Bauernmarkt der Steiermark und das will etwas heißen, denn allein in Graz gibt es 17 davon. Hier schlendert man an der Rückseite der wunderschönen Grazer Oper durch die Reihen der Stände und erfreut sich an dem bunten Treiben. Die Grazer und Grazerinnen haben meist ein Lieblingsstandl, wo sie einkaufen. Da gibt es das beste Gemüse, dort frische Pilze und woanders fangfrische Forellen. Am Nachmittag weichen Obst und Gemüse, Fleisch und Fisch, Käse und Mehlspeisen den kühlen Getränken. Bauern und Bäuerinnen packen den Rest ihrer Ware zusammen, die Tische werden gestapelt, der Boden wird gereinigt. Zur Mittagszeit beginnt diese wunderbare Verwandlung vom Marktplatz zum Gastgarten.

Einige Grazer und Grazerinnen verbringen gerne den ganzen Tag am Kaiser-Josef-Platz, angefangen mit dem Frühstück, dann Jause, Mittagessen, Kaffee, Aperitivo, Abendessen, Digestiv bis zum Schlummertrunk. Man trifft sich hier zum Brunch oder „Brinner", auf einen Snack, zur After hour, zum After-Work-Drink oder zum Sundowner und bleibt ganz klassisch, einfach und altmodisch an den Tischen der Standl sitzen. Auch die Lokale rund um den Marktplatz haben sich den Gegebenheiten angepasst. Drinnen steht den Gastronomen nicht viel Raum zur Verfügung, aber die meisten Gäste wollen ohnehin lieber draußen mitten im Geschehen konsumieren. Also werden die Markttische ganz einfach in den provisorischen Gastgarten integriert, man benutzt größtenteils das, was am Marktplatz herumsteht. Speisen und Getränke gibt es auch „über die Gasse" oder wie man heute sagt „to go". Damit macht man es sich auf einer der Bänke oder Markttische gemütlich. Es lässt sich kaum verhindern und schon ist man im Gespräch mit den anderen, die Dasselbe machen: dolce far niente. Das bringt der mediterrane Charakter von Graz mit sich.

TIPP

Junges Gemüse gleich vor Ort verkosten, wie die Steirische Käferbohne.

- Bauernmarkt am Kaiser-Josef-Platz, 8010 Graz, www.graztourismus.at
- ÖPNV: Straßenbahn 1, 7 oder Bus 30, 31, 39, Haltestelle: Kaiser-Josef-Platz/Oper

„Tischlein deck dich“

23 Delikatessen von Frankowitsch

Die typische Grazer Familie geht samstags in der Innenstadt bummeln. Der erste Weg führt zum Kaufhaus Kastner und Öhler, um zu sehen, was es Neues gibt. Dann spaziert man durch die kleinen Gassen auf den Bauernmarkt. Die Kinder bekommen am Kaiser-Josef-Platz ein Schoko-Schirmchen und beim Brezelmann in der Herrengasse eine Wagner-Brezel. Eine Pause steht an und die Eltern tun so, als würden sie überlegen, wo sie einkehren sollen. Nach kurzer Zeit ist die Antwort immer dieselbe: „Gemma zum Frankowitsch“. Natürlich, denn dort trifft man sich, dort weiß man schon, was man möchte und die Qualität ist immer auf dem gleichen hohen Niveau. Delikatessen Frankowitsch ist bekannt für die Brötchen, die beispielsweise mit Roastbeef, Hummer oder Curry-Aufstrich belegt sind. Mann oder Frau trinkt dazu ein Pfiff-Bier, eventuell auch mehrere hintereinander, und als Nachspeise gönnt man sich eine winzige Köstlichkeit aus der Tortenvitrine und einen Espresso. Wer nach dem Kaffee wieder hungrig wird, bleibt einfach noch etwas länger sitzen, bestellt einen Prosecco und die nächste Runde Brötchen und so kann es ab und an den ganzen Nachmittag weitergehen.

TIPP

Frankowitsch-Brötchen gibt es auch im Augarten und am Hauptplatz.

Die Bar hat unglaublich viel Stil, eine tolle Inneneinrichtung mit Holzbänken und Terrazzoböden und eine kleine Feinkostabteilung. Hier in der Stempfergasse verfliegt die Zeit. Ruhig ist es nie beim Frankowitsch, hier kommt man her, um sich zu unterhalten und das Leben zu feiern. Die schönen Erinnerungen, die man mit dem Frankowitsch verbindet, kommen auch daher, dass man die Brötchen oft zu besonderen Anlässen bestellt, am Neujahrstag oder in der Silvesternacht, zum Geburtstag, zur Sponsion, also zum Uni-Abschluss, zum Kitzbühel-Abfahrt-Schauen oder an Faschingsdienstag. Feste ohne Frankowitsch-Brötchen sind für Grazer und Grazerinnen nahezu undenkbar.

- Delikatessen Frankowitsch, Stempfergasse 2, 8010 Graz, Tel. +43 (316) 82 22 12 www.frankowitsch.at
- ÖPNV: Straßenbahn 1, 3, 4, 5, 6, 7, Haltestelle Hauptplatz

Frankowitsch
Frankowitsch
DELIKATES SEIT 1932
CAMPARI

Einfach wöd.klasse

24 Taschen und mehr vom Projekt tag.werk

Kommt man neu nach Graz, dann sollte man sich gleich an örtliche Gegebenheiten und Gewohnheiten anpassen und es den Einheimischen gleichtun, die gerne jeden Tag ihre tag.werk-Tasche ausführen. Die sieht man einfach überall in der Stadt. Für die meisten Grazer und Grazerinnen ist das tag.werk als Jugend-Beschäftigungsprojekt der Caritas ein Begriff und das Projekt ein positives Beispiel für Integration, soziales Miteinander, Kreativität und Handwerk. Es ist aus der Not heraus entstanden, obdachlosen Jugendlichen eine Beschäftigung und einen Zuverdienst, also den Lohn für ihr Tagwerk, zu garantieren. Bis heute gibt es viele junge Leute zwischen 15 und 25 Jahren, die aus ganz unterschiedlichen Gründen auf ein wenig Geld und vor allem Gemeinschaft angewiesen sind.

TIPP

Auch eigene Motiv-Ideen können auf eine tag.werk-Tasche genäht werden.

Die berühmten Motiv-Taschen aus Plane, Markise oder Leder werden von den Jugendlichen selbst zusammengestellt und genäht. Natürlich macht das die jungen Designer und Designerinnen stolz, wenn gerade „ihre" Tasche gekauft und auf den Grazer Straßen getragen wird. Die Studenten und Studentinnen lieben die Laptoptaschen, die vielen Grazer Radfahrer und Radfahrerinnen tragen gerne einen gust.av-Planen-Rucksack, die sind nämlich „wöd.klasse", und Grazer Firmen schätzen die Möglichkeit, Großaufträge in Auftrag geben zu können. Sondereditionen mit Graz-Motiven aus Planen der Grazer Oper, von Festivals oder gestaltet von Grazer Designerinnen und Designern könnten die ideale Erinnerung an den Graz-Urlaub sein. Seit vielen Jahren gibt es das tag.werk-Geschäft in der hippen Mariahilferstraße, auf der „anderen Murseite". Nirgendwo sonst würde es besser hinpassen. In diesem Viertel kann man mit wirklich gutem Gewissen einkaufen, denn bei vielen Geschäften steht der Nachhaltigkeitsgedanke im Vordergrund. Ein Einkaufsbummel hat noch nie glücklicher gemacht.

- Projekt tag.werk, Mariahilferstraße 13, 8020 Graz, Tel. +43 (3 16) 90 85 31
www.tagwerk.at
- ÖPNV: Straßenbahn 1, 4, 6, 7, Haltestelle Kunsthaus

wöd.klasse
PFAFF
5

Eine Gastro-Legende

25

Einkehren im Feinkost Mild

Der Feinkostladen Mild ist legendär. Er ist ein echtes „Beisl", etwas, das leider vielerorts schon verschwunden ist. Ein Beisl schenkt bekanntlich Alkohol aus. In Österreich haben wir das Glück, an der Grenze zwischen biertrinkenden und weintrinkenden Ländern zu liegen, also gibt es hier beides in ausreichenden Mengen und vor allem in toller Qualität. Ein Beisl bietet auch etwas zu essen an. Das Feinkost Mild hat zwar keine Feinkosttheke mehr, aber nach dem Rezept der legendären Rosi Mild, der Gründerin und Tante des aktuellen Besitzers, gibt es zum Beispiel das Schweinsbratensandwich. Und ein Beisl ist Treffpunkt zum Philosophieren, Tratschen, Singen, Diskutieren, Politisieren und zum Feiern. Anlässe und auch Ausreden ins Mild zu gehen, gibt es jedenfalls viele.

TIPP

Für mehr Infos rund um Beisl-Legenden bei der Beisl-Rallye von Discover Graz anmelden.

Das Feinkost Mild ist sehr klein, doch fühlt man sich in jeder Ecke wohl. Im hinteren Bereich gibt es die Bar, vorne kleine Sitzgruppen und draußen einen schönen Schanigarten. Eine wichtige Tätigkeit darf im Beisl nicht fehlen, das Beobachten. Wer geht mit wem auf der Straße, wer spaziert denn heute wieder vorbei. Auch das kann man hier im Mild machen. Einige Beisl-Weisheiten sollte man vorab schon bedenken: „Gemma auf eins" bedeutet meistens mehr als ein Getränk. „Bier auf Wein lass es sein", ist zwar nicht wissenschaftlich belegt, aber eine weit verbreitete düstere Legende und um das gleich klar zu stellen, in Graz bestellt man eine „weiße Mischung" und meint damit Weißwein mit Mineral oder Soda. Der Wirt ist eine Respektsperson und hat immer recht, obwohl der Chef im Feinkost Mild, der Thomas, ein ganz Netter ist und nicht darauf pochen wird. Die „letzte Runde" kann manchmal Stunden dauern, Wein schmeckt in „Achterl" besonders gut und das Bier sollte beim Öffnen „blobb" machen. Viel Spaß!

- Feinkost Mild, Stubenberggasse 7, 8010 Graz, Tel. +43 (6 60) 1 22 66 99 www.feinkostmild.at
- ÖPNV: diverse Linien, Haltestelle Jakominiplatz/Verkehrsknotenpunkt

Einzigartig anders

26 Kunst in der Pfarrkirche St. Andrä

Es gibt keine Kirche, die sich mit der Grazer Kirche St. Andrä vergleichen lässt. Unzählige heimische und internationale Künstler und Künstlerinnen durften sich in der Kirche, auf den Wänden, in den Fenstern, im Garten und in den Kapellen künstlerisch verewigen. Ein Kunstwerk ist schon von Weitem zu sehen, nämlich die bunten Wörter an der Kirchenwand wie „Pupille", „gelbes Trikot" oder „Kristall". Über jedes Wort könnte man sich den Kopf zerbrechen, was das wohl mit Gott zu tun hat, mit der Kirche, mit dem Glauben? Warum steht hier „Musterknabe" und „zarte Worte"? Ist „Pinnochio" eine Anspielung auf Missstände? Der Künstler Gustav Troger hat diese Begriffe zufällig aus dem Adler-Farb-Katalog ausgewählt und auf die Außenwand geschrieben. Die Wörter auf der Kirchenwand lassen bei dem Betrachter oder der Betrachterin ganz individuelle Gedanken entstehen, ganz nach der Intention des Künstlers. Ein weiterer Effekt ist, dass man der Kirche schon auf den ersten Blick ansieht, dass sie anders ist als andere barocke Kirchen. Viele weitere zeitgenössische Kunstwerke findet man im Innenraum: verspiegelte Säulen, bunte Fenster, die Himmelstüre, eine Wärmebildkamera, eine Karussellschaukel an der Decke, bunte Seitenkapellen und vieles mehr. Hinter der Säule ganz rechts vorne im Hauptschiff entdeckt man sogar eine Kirchenmaus im Boden, ein kleines Mäuseskelett. Diese Installation vom Grazer Künstler Ila soll beispielsweise daran erinnern, dass viele Kirchen, so auch die St. Andrä, einmal Friedhöfe gewesen sind. Dieser Platz um die Kirche war das erste Zentrum der „Murvorstadt", hier befindet sich eines der ältesten Siedlungsgebiete auf der rechten Murseite. Die Kirche gibt sich nicht nur nach außen modern und weltoffen, auch die Gemeinde überrascht immer wieder mit tollen Ideen, Kunstinstallationen, Einladungen an andere Glaubensgemeinschaften und modernen Gottesdiensten. Ein Glücksfall war die Tatsache, dass der langjährige Pfarrer und heutiger Diözesanbischof der Diözese Innsbruck Hermann Glettler sowohl Theologie als auch Kunstgeschichte studiert hatte und hier beide Interessen vorbildlich verschmelzen ließ.

TIPP

Am Tisch neben dem Eingang liegen Hefte mit Beschreibungen der Kunstwerke aus.

- Pfarre St. Andrä, Kernstockgasse 9, 8020 Graz, Tel. +43 (676) 87 42 61 38 https://sanktandrae.graz-seckau.at
- ÖPNV: Straßenbahn 1, 4, 6, 7 oder Bus 40, 67, Haltestelle Roseggerhaus

Pupille

Essen wie der Kaiser

27 Die Hofbäckerei Edegger-Tax

In Graz gibt es viele unglaublich gute Bäckereien. Während viele Greissler, Fleischhauer und andere alteingesessene Handwerker ihre Geschäfte schließen mussten, blieben zahlreiche Bäckereien über Jahrzehnte, ja sogar Jahrhunderte bestehen. Allein der Gedanke an eine frische Kaisersemmel oder ein süßes Kipferl vom Bäcker lässt einem das Wasser im Mund zusammenlaufen. Nur mit frischem Gebäck kann man ein Frühstück richtig genießen und glücklich in den Tag starten. Die prestigeträchtigste Bäckerei in Graz ist ohne jeden Zweifel die Hofbäckerei Edegger-Tax. Der Name verrät natürlich schon, dass es sich hier um eine ganz besondere Bäckerei handelt. Die schönste Fassade der Stadt mit dem goldenen Schriftzug „Hofbäckerei" und dem Doppelkopfadler, dem Wappen der Habsburger Monarchie, schmückt das alte Portal. Die Bäckerei durfte anlässlich des Besuches von Kaiser Franz Josef 1883 das Essen an den Hof liefern und bekam daraufhin die Erlaubnis, diesen Titel zu führen.

Auch im Verkaufsraum fühlt man sich königlich, lachen einen doch lauter gekrönte Häupter auf schönen Schachteln und Sackerln entgegen. Hier gibt es „Sisi Busserl", „Kaiser Zwieback" und „Panthertatzen", aber auch die oben erwähnten Kipferl und Semmerl, Krapferl und Weckerl. 2019 feierte die Bäckerei ihr 450-jähriges Bestehen. Anlässlich dieses Jubiläums wurde der international bekannte Grazer Künstler Tom Lohner beauftragt die potenziellen Lieblingskekse von Sisi, Kaiser Franz Josef, Kaiser Friedrich III., Erzherzog Johann und Kronprinz Rudolf künstlerisch zu gestalten. Das Ergebnis kann sich sehen lassen. Nun gibt es zwischen den Verpackungen mit klassischem Design auch bunte Schachteln mit modernen Porträts der gekrönten Häupter. Der Inhalt der Schachteln hält jedenfalls auch, was er verspricht, und hätte Sisi & Co sicherlich gemundet.

TIPP

Die Hofbäckerei gibt es auch in Japan, auch dort macht sie Menschen glücklich.

● Hofbäckerei Edegger-Tax, Hofgasse 6, 8010 Graz, Tel. +43 (316) 830 23 00
www.hofbaeckerei.at
● ÖPNV: Bus 30, Haltestelle Schauspielhaus

REI
EDE

Süßes rund ums Jahr

28 Im Zuckerlparadies Ferdinand Haller

In der ehemaligen Kapelle der Stadtpfarrkirche, in der Herrengasse, befindet sich das süßeste Geschäft der Stadt. Tatsächlich hat man in Graz die Qual der Wahl, sollte man vom Gusto auf Süßes gepackt werden, denn es gibt hier viele sehr gute Schokoladen- und Süßwarengeschäfte. Bei Ferdinand Haller bekommt man aber nicht nur gute, sondern auch besonders gut aussehende Pralinen und Zuckerl. Viele werden nach historischen Rezepten gefertigt und aus ausgewählten Produkten und in speziell steirischen Geschmacksrichtungen hergestellt, wie etwa die Schilcher-Pralinen. Dem nicht genug, gibt es in diesem winzigen Geschäft auch noch kleine wunderschön arrangierte Geschenke wie Servietten, Tücher oder Deko-Artikel. Es ist faszinierend, wie viele schöne Dinge hier auf engstem Raum zu finden sind. Da gibt es sicherlich für jeden und jede das passende Geschenk und Pralinen passen sowieso immer.

TIPP
Eine Praline sollte man sich immer auch selbst gönnen und gleich im Gehen verspeisen.

Besonders zu Weihnachten stehen Einheimische wie Gäste Schlange vor dem Geschäft. Mit großen Augen bewundern Kinder und Erwachsene die Haller-Auslage. Diese gilt nämlich jedes Jahr als die schönste Weihnachtsauslage der Stadt. Sie ist bis oben hin gefüllt mit funkelnden Christbaumkugeln in allen Formen und zu jedem Thema. Eine Kugel in Tierform oder Haushaltsgegenstände für den Christbaum gibt es hier genauso wie spezielle Graz-Motive, wie die Uhrturm-Christbaumkugel, oder eine Kugel in der Form des Steiermark-Herzens. Natürlich wird auch der einzigartige Baumbehang aus Schokolade oder Zuckerfondant angeboten. Man kann sich an der Auslage einfach nicht sattsehen und es ist unmöglich, einfach schnell an ihr vorbeizugehen. Bei all der Weihnachtsstimmung darf nicht vergessen werden, dass auch wieder Ostern naht: Bei Ferdinand Haller gibt es auch die besten und schönsten Schokoladen-Osterhasen der Stadt. Vor allem die kleinste Hasengröße, in die süßesten Farben gewickelt, ist einfach zum Anbeißen und fast zu schnell mit nur einem Biss verschlungen.

- Ferdinand Haller, Herrengasse 23, Tel. +43 (316) 83 83 50, www.haller-graz.at
- ÖPNV: diverse Linien, Haltestelle Jakominiplatz

TRÜFFEL MIT ALKOHOL
MARZIPANKONFEKT
€1,00
HALLERTRÜFFEL SCHLOSSBERGTRÜFFEL
€1,00
TARTUFFI
€1,00

Wo Kinderaugen leuchten

29

In der Spielzeugschachtel

Dort, wo Kinderaugen leuchten, haben plötzlich auch die Großen ein Lächeln im Gesicht. In der Schmiedgasse findet man das Spielwarengeschäft Spielzeugschachtel. Abgesehen davon, dass man im Geschäft auf engstem Raum viele sinnvolle und ausgewählte Spielsachen kaufen kann wie Puppen, Autos oder Baukästen, gibt es hier auch solche, die typisch sind für Graz: Bücher der flauschigen Swabidudaps, Holzzüge in den Farben der GKB-Bahn und Grazer Wimmelbücher. Ein Riesenspaß ist auch das, was sich vor der Türe abspielt: Vor der Auslage gibt es Spielzeug zum Ausprobieren. Eine Holzeisenbahn, ein Holzpferd und ein Murmelspiel ziehen Kinder in den Bann. Während die Kleinen hier spielen und experimentieren, ihre motorischen Fähigkeiten testen, sich gegenseitig beäugen und inspirieren, können Erwachsene neben den Spielsachen auf der Bank Platz nehmen und einen Moment abschalten. Man beobachtet, wer alles vorbeiradelt und vorbeispaziert, begrüßt den einen oder anderen Bekannten, kommt mit den anderen entspannten Eltern ins Gespräch oder überlegt sich, was noch alles zu erledigen ist. Man nutzt die Zeit, wenn man zu zweit auf die Kinder aufpasst, um tatsächlich im Geschäft noch ein paar Überraschungen für sie einzukaufen, in Ruhe versteht sich. Natürlich freut man sich über die Kinder, die mit einfachen Dingen so viel Spaß haben können.

Dieser Ort der Entschleunigung mitten in der Stadt wirkt auch bei Passanten Wunder und viele bleiben kurz stehen, um über die Kinder zu schmunzeln und sich an die eigenen liebsten Spielsachen zu erinnern. Oft sind es die einfachen Dinge im Leben, die Kinder glücklich machen und einen Altstadtbummel in Graz für die ganze Familie zum Erlebnis werden lassen.

TIPP

Die Swabidudaps sind flauschige Wesen, die 1984 in Graz erdacht wurden.

- Spielzeugschachtel, Schmiedgasse 16, 8010 Graz, Tel. +43 (316) 82 20 76 www.spielzeugschachtel-graz.at
- ÖPNV: diverse Linien, Haltestelle Jakominiplatz

spielzeugschachtel
Bauernhof
Hallo, kleiner Fuchs!
Hallo, kleiner Fisch!
ZUSAMMEN!
HABA

Zunge zeigen erlaubt

30

Maskarone an den Häuserwänden entdecken

In Graz gibt es viele schöne Gesichter, nicht nur Passanten und Passantinnen auf den Straßen lächeln den Vorbeigehenden zu, sogar die Häuser und Wände schenken ein Lächeln oder aber ziehen eine schaurige Fratze. In Graz findet man viele sogenannte Maskarone, das sind Fratzen an Häuserwänden, unter Dächern oder auf Säulen, die böse Geister abwehren sollten. Wer kein böser Untoter ist, muss keine Angst vor ihnen haben. Ganz im Gegenteil, die Gesichter sind eigentlich sehr sympathisch. Ein lustiges Suchspiel aus der Barockzeit findet man am auffällig schönen Haus Luegg, an der Ecke Sporgasse/Grazer Hauptplatz. Im zweiten Stock, zwischen den Fenstern, fallen bei genauem Hinsehen kleine Münder und Nasen, manchmal auch mit Bart, auf. Geschmückt sind sie mit fantasievollen Augen in Form von Verzierungen oder Blumen.

Nicht weit vom Hauptplatz entfernt, in der Sackstraße lebt noch heute ein lustiger „Geisterjäger". Die Säule an der letzten Ecke des Kastner Komplexes wird von einem Maskaron bekrönt, der etwas unvorteilhaft die Zunge zeigt. Geister haben sicherlich Angst vor ihm, Passanten und Passantinnen haben ihn aber schon lange ins Herz geschlossen und man grüßt ihn sogar beim Vorbeigehen. Zunge zeigen ist hier erlaubt! Etwas weiter in der Sackstraße am Schloßbergplatz findet sich die größte Ansammlung von Maskaronen auf einem Platz. Da es sich hier um eines der ältesten Siedlungsgebiete der Stadt handelt, sind die Dächer und Häuser etwas schief, gebogen und voller Charakter. Während man die alten Häuser bestaunt, wird man gleichzeitig selbst von vielen Augen beobachtet. Unter dem geschwungenen Dach des Hauses Sackstraße 22 befinden sich zahlreiche Maskarone, die seit Jahrhunderten das Geschehen am Schloßbergplatz beobachten und wer weiß, vielleicht unterhalten sie sich auch darüber. Jedes Gesicht ist anders, hat einen anderen Gesichtsausdruck und zeigt eine andere Grimasse. Böse Geister haben hier also nichts verloren, ein freundliches Lächeln ist allerdings immer willkommen.

TIPP

Der Reinerhof am Schloßbergplatz wurde bereits im 12. Jahrhundert namentlich erwähnt.

- Haus Luegg, Sporgasse 2, 8010 Graz
- ÖPNV: diverse Linien, Haltestelle Hauptplatz

Im Reich der Kreuzritter

31 Der Hof des Deutschen Ritterordens

Graz ist nicht nur bekannt für die wunderbare Dachlandschaft, das gute Essen und Trinken, Schlossberg und Kunsthaus, sondern auch für die zahlreichen Arkadenhöfe der Altstadt. Jeder Hof ist anders. Manche beherbergen Lokale und Geschäfte, andere befinden sich nach wie vor in Privatbesitz. Es gibt kleinere Höfe und größere, versteckte und offensichtlichere. Eines haben sie alle gemeinsam: Sie sind märchenhafte Rückzugsorte und Plätze, die voller Geschichte stecken. Fast alle sind frei zugänglich und Teil des öffentlichen Lebens in der Innenstadt. Diese Höfe tragen viel dazu bei, dass die Lebensqualität in Graz so gut ist, denn sie präsentieren sich meistens als autofreie, ruhige grüne Oasen.

Der Hof des Deutschen Ritterordens ist ein besonders sehenswertes Exemplar. Er ist gepflastert mit sogenannten Murnockerl, runden Steinen, die aus der Mur entnommen wurden und ursprünglich die typische Straßenpflasterung in Graz darstellten. Die Balkone und Gänge, die in die Wohnungen führen, sind gepflegt und nach wie vor bewohnt. Noch heute sieht man hier den Eingang zum alten Eiskeller und vor der Tür das Wappen des Ordens, das schwarze Kreuz. Sogar noch zwei weitere kleinere Höfe sind von diesem Hof aus zugänglich, aber hier sollte man auf den Kopf achten, denn die Decken sind sehr niedrig. Die Geschichte des Deutschen Ritterordens geht zurück bis in die Zeit der Kreuzzüge. In Graz war der Orden ursprünglich im Bereich der Leechkirche angesiedelt, wo er die wichtigen Handelsrouten aus dem Osten bewachte, bis er dann hier in die Sporgasse übersiedelte. Im Hof galt eine eigene Gerichtsbarkeit und so war er Unterschlupf für Flüchtlinge und manchmal auch für Kleinkriminelle. Diese Wände könnten sicherlich viele Geschichten aus längst vergangenen Tagen erzählen, von den Geheimnissen der Kreuzritter, den Tricks der Händler, von den Anfängen der Stadt Graz bis zu den aktuellen Bewohnern und Bewohnerinnen.

TIPP

Hinter fast jeder Tür der Altstadt versteckt sich ein malerischer Hinterhof.

- Deutschritterordenshaus, Sporgasse 22, 8010 Graz
- ÖPNV: Bus 30, Haltestelle: Schauspielhaus

Bücher für das Volk

32

Auf literarischer Schatzsuche in der Stadtbibliothek

Dieser Glücksort erreicht hier sicherlich die richtige Zielgruppe, nämlich diejenigen, die gerne Bücher in der Hand halten, sie wie einen Schatz bewahren, darin schmökern, die den Geruch von Papier lieben und mit Genuss über die Seiten streichen. Diese Menschen werden in der Stadtbibliothek glückliche Momente verbringen. Neben vielen kleineren Nebenstellen der Stadtbibliothek sollte man vor allem die Räumlichkeiten des alten K.-u.-k.-Hoflieferanten im Zanklhof besuchen. Wo früher Lacke, Farben und Pinsel verkauft wurden, laden heute schon die Auslagen mit Holzfenstern dazu ein näher zu kommen. Betritt man das alte Gebäude im Bezirk Gries, so findet man auch drinnen viele alte Bücherregale, dunkles Holz, Stuckdecken und eine Riesenauswahl an Büchern. Dazu kommt hier noch der freundliche Empfang, die lustig dekorierten Schaufenster, die immer am Puls der Zeit sind, Veranstaltungen und Ausstellungen, die gemütlichen Leseecken, Kaffee und die billigen Gebühren, die jedenfalls keine Hürde darstellen, in das Reich der Bücher einzutauchen. Diejenigen, die sich bis jetzt nicht angesprochen fühlen und sich eher als audiovisuelle Typen bezeichnen würden, kommen hier aber ebenso auf ihre Kosten. Denn in der Stadtbibliothek gibt es eine große Auswahl an Hörbüchern, Filmen und Tonies.
Die wenigen, die nicht über die tolle Auslagengestaltung in die Bibliothek stolpern, sollten sich den Social-Media-Auftritt der Bibliothek ansehen. Da muss man zeitweise lauthals lachen, so kreativ und erfrischend sind die Beiträge. Das junge Team hält die Fans der Bibliothek fast täglich mit Charme und Witz, aber niemals gemein und negativ, auf dem Laufenden. In den Videos und Postings sowie in den Auslagen und Werbeaktionen wird man das ganze Jahr über nett und höflich an die Möglichkeit erinnert, mal wieder ein Buch zu lesen. Und das tut man dann auch gerne!

TIPP

Bei Bücherflohmärkten kann man auf Schnäppchenjagd gehen.

- Stadtbibliothek Graz, Andrägasse 13, 8020 Graz, Tel. +43 (316) 872 49 61
www.stadtbibliothek.graz.at
- ÖPNV: Bus 67, Haltestelle Bad zur Sonne

Schlüsselerlebnis

33

Das Schloss- und Schlüsselmuseum

Zugegeben, der Begriff Schloss- und Schlüsselmuseum klingt für die meisten Menschen nicht gerade aufregend. Alle, die es aber doch in dieses Museum geschafft haben und mit einer Führung hindurchspaziert sind, wissen, dass hier ein regelrechter Schatz bewahrt wird. Bereits nach dem Sichten der ersten Objekte kann man die Sammelleidenschaft von Hanns Schell, dem Besitzer dieses Privatmuseums, verstehen. Gesammelt werden vielerorts die verrücktesten Dinge, warum sollte man sich also nicht auf Schlösser und Schlüssel spezialisieren? Hier werden winzige Schlüssel, riesige Truhen mit geheimen Schutzmechanismen und versteckten Schlüssellöchern ausgestellt, auch Keuschheitsgürtel, Sargschlüssel und Handschellen, Schlösser und Schlüssel aus anderen Kontinenten und aus allen Epochen, aus verschiedenen Materialien – insgesamt über 10 000 Exemplare.
Es sind handwerkliche Meisterwerke und bis ins kleinste Detail verzierte Alltagsgegenstände, die man so in dieser Fülle noch nicht gesehen hat. Dieses Museum ist weltweit einzigartig und die Sammlung gilt als die bedeutendste und größte ihrer Art. Faszinierend ist die Symbolkraft von Schlüsseln und Schlössern: Der Schlüssel zum Herzen, der Schlüssel ins Paradies, der Notenschlüssel und die Schlüsselfigur, aber auch etwas hinter Schloss und Riegel bringen, kommt in unserer Alltagssprache vor. Schlösser oder Schlüssel, Truhen und Schatzkisten haben unendlich viele Bedeutungen und tauchen in vielen Redewendungen auf. Aber woher kommt der Ausdruck „auf den Hund kommen“ oder „das ist unterste Schublade“ bzw. was ist die „Schlüsselgewalt“? Das und viel mehr lässt sich im Museum herausfinden. Sicher ist, dass man nach dem Besuch des Museums den Wohnungsschlüssel mit anderen Augen sieht und die Tür des Hotelzimmers oder das Fahrradschloss garantiert bewusster aufsperrt.

TIPP

Das Museum ist auch im Rahmen der langen Nacht der Museen zugänglich.

● Schell Collection, Wienerstraße 10, 8020 Graz, Tel. +43 (3 16) 76 61 77
www.schell-collection.com
● ÖPNV: Bus 40, 67, Haltestelle Zeillergasse

1752
IAN.SMIT
AMSTERDAN
ANNO

Die Klimazonen der Erde

34 Palmenhaus und Botanischer Garten

Gleich mehrere Faktoren machen das Palmenhaus und den Botanischen Garten in der Schubertstraße zu einem Glücksort, den man unbedingt besuchen sollte. Die Architektur der neuen Palmenhäuser von Volker Giencke, eines Vertreters der Grazer Schule der Architektur, heben sich sichtbar von den Villen der Umgebung ab, stören aber die prunkvolle Gegend ganz und gar nicht. Denn die Bauwerke sind gut durchdachte Highlights in der wunderschönen Schubertstraße. Die Fenster können je nach Bedarf geöffnet werden und durch versteckte Rohre fließt Wasser, um die Temperatur im Gewächshaus zu regulieren. Durch die gewölbten Glasfenster werden optimale Lichtverhältnisse für die Pflanzen geschaffen. Hinter den neuen Palmenhäusern stehen die alten Glashäuser aus dem 19. Jahrhundert, die voller Charme, Geschichte und Schönheit stecken und glücklicherweise erst vor Kurzem restauriert wurden. Das, was sich in den Glashäusern befindet, ist ebenso faszinierend. Man kann hier durch gleich vier Klimazonen spazieren. Im Winter tut es Seele und Körper gut, durch die warmen Tropenräume zu gehen und warme Luft in die Lungen zu lassen. Und im Sommer setzt man sich gerne unter einen schattigen Baum des Botanischen Gartens oder ins „Kalthaus“ der Glashäuser.

TIPP

Der Pflanzenraritätenmarkt Ende April und die Samentauschbörse sind die Highlights für Hobbygärtner.

Der Botanische Garten und die Palmenhäuser sind Orte der Forschung und Wissenschaft der Universität Graz, öffentlich und gratis zugänglich. Viele Studenten und Studentinnen der nahe gelegenen Universität dürfen diesen schönen Ort als ihren Arbeitsplatz bezeichnen. Unterschiedliche Veranstaltungen, Touren und Märkte führen das ganze Jahr über Laien in die Faszination der Pflanzen ein. Ein weiterer Grund, den Botanischen Garten zu erkunden, ist das Viertel drumherum. Der Garten befindet sich nämlich inmitten alter Villen, die in unterschiedlichen Baustilen errichtet wurden und einen alten Wettstreit um das schönste Haus der Gegend erahnen lassen. Viele hohe Beamte der Habsburgermonarchie, Prominente und hohe Militärs haben ihr Leben hier in Graz genossen. Es ist vollkommen nachvollziehbar warum.

- Botanischer Garten, Schubertstraße 59, 8010 Graz, Tel. +43 (3 16) 3 80 88 39
www.garten.uni-graz.at
- ÖPNV: Straßenbahn 1 oder Bus 41, Haltestelle Hilmteich/Botanischer Garten

Lachen – die beste Medizin

35 Das Österreichische Kabarettarchiv

Das erste und einzige Kabarettarchiv Österreichs befindet sich in Graz. Das österreichische Kabarett ist seit mehr als 100 Jahren ein wichtiger Bestandteil der österreichischen Identität, kulturelles Erbe, der ewige „Tritt in den Hintern" für Politiker und Politikerinnen und das schlechte Gewissen des Landes. Obwohl Kabarettisten und Kabarettistinnen, gerade weil sie kein Blatt vor den Mund nehmen, bei der breiten Masse sehr beliebt sind, ist das Archiv auch von seiner Größe nicht gerade mit der österreichischen Nationalbibliothek zu vergleichen. In kleinen Räumlichkeiten, die bis zur Decke gefüllt sind mit Büchern, Mappen, Plakaten, Zeitschriften und Filmen, wird alles aufbewahrt, was mit dem Thema Kabarett und Satire zu tun hat. Lässt man den Blick durch den Raum schweifen, so fallen sofort zahlreiche bekannte Namen auf: Karl Farkas, Josef Hader, Elfriede Ott oder Helmut Qualtinger. Allein die Buchtitel können einen schon zum Lachen bringen wie zum Beispiel „Lachen auf eigene Gefahr" von Hugo Pepper. Die Atmosphäre ist gemütlich und fröhlich.

Zur Recherche sowie für Interessierte und Fans der Szene wird das Archiv auf Anfrage gerne geöffnet. Ausleihen darf man die Werke aber nicht. Das Kabarett ist seit jeher eine Form, aktuelle Themen und Probleme des Alltags zu verarbeiten, eine Art österreichische Selbsthilfegruppe, in der niemand verschont wird und die (fast) alles darf. Oft werden ernste Themen gekonnt lustig verpackt und man scheut vor allem auch nicht davor zurück, über sich selbst zu lachen. Lustige Mundartstücke in österreichischen Dialekten, morbide Wiener-Lieder oder die klassische politische Satire, das alles ist in Österreich sehr populär und hat eine lange Tradition. Zum Lachen geht man in Graz auch mal in den Keller (Szenelokale, Bars und Jazzkeller) oder wenn man mehr über das Österreichische Kabarett erfahren möchte, dann geht man auf den Dachboden ins Österreichische Kabarettarchiv. Beides macht glücklich.

TIPP

Gleich neben dem Kabarettarchiv befindet sich das Literaturhaus Graz, das mit vielen Veranstaltungen aufwartet.

- Österreichisches Kabarettarchiv, Elisabethstraße 30 (Dachgeschoss, Eingang Innenhof), 8010 Graz, Tel. +43 (316) 83 50 74, www.kabarettarchiv.at
- ÖPNV: Bus 31, 39, Haltestelle Uni/Beethovenstraße

So wahr ich Krainer heiß'

Streetfood à la Lend

36 The Hungry Heart Graz

Man sieht es schon von der Ferne, es muss irgendwo dort sein, wo die vielen Menschen auf der Straße stehen. Man riecht es schon von Weitem, den Duft von Wurst, Pulled Pork und heißem Fett. Man hört es schon einige Meter entfernt, denn feinster Punkrock soll die hungrigen Leute näherbringen. Und man spürt instinktiv, dass plötzlich der Magen zu knurren beginnt. Das muss das Hungry Heart im Lendviertel sein, von dem alle sprechen. Hier gibt es klassische amerikanische Fastfood-Gerichte wie Hotdogs, Sandwiches und Pommes, to go oder zum Essen vor Ort. Ein ausgezeichneter und gelernter Koch steht hinter diesem Lokal. Alles wird hier frisch zubereitet und ist noch heiß und knackig, wenn man es über die Theke gereicht bekommt. Je nach Saison gibt es zusätzlich besondere Kombinationen und Zutaten, wie Pilze oder Falafel und gerne wird mit klassischen Fastfood-Gerichten experimentiert, indem man sie zum Beispiel mit steirischen Zutaten kombiniert. Dazu werden eine Auswahl an Craft-Bieren aus der Steiermark und kultige Limonaden angeboten. Das Geschäft ist klein. Durch die Glastüre kann man nicht mehr hindurchsehen, denn sie ist bis zum letzten Millimeter mit Stickern von Bands und Fußballclubs sowie mit lustigen Sprüchen beklebt. Es gibt kaum Sitzgelegenheiten und keinen Tischservice – und all das liebt man am „Hungrigen Herz von Graz“. Der kleine Imbiss ist der Treffpunkt für Nachtschwärmer, Punks und Hipster, aber gilt auch als Geheimtipp für Gourmets und Restaurantkritiker, die sich sonst lieber auf der linken Murseite von Graz aufhalten. Zugegebenermaßen gelten die Speisen hier nicht unbedingt als Diät-Küche, aber man kann bei der Zubereitung zusehen und bekommt garantiert keine bösen Überraschungen serviert. Das Essen ist ehrlich, fettig, gut gewürzt und frisch. Wenn man nach einem langen Tag an der frischen Luft in einen knackigen Hotdog beißen darf, dann kann das schon so einige Glückshormone ausstoßen.

TIPP

Unbedingt die Chilli-Cheese-Fries probieren!

● The Hungry Heart Graz, Mariahilferstraße 23, 8020 Graz, Tel. +43 (6 76) 4 11 75 73
www.thehungryheart.at

● ÖPNV: Bus 40, 67, Haltestelle Volksgartenstraße

THE
velo
food

Kunst aus Eis

37 Die Eiskrippe im Landhaushof

Während der Adventszeit ist die Eiskrippe ein fester Bestandteil und eine echte Sehenswürdigkeit im winterlichen Graz. Sie hat Fans auf der ganzen Welt und zieht sowohl Grazer und Grazerinnen als auch Besucher und Besucherinnen und vielleicht auch den Steirischen Panther am Holztor nebenan in ihren Bann. Die Eiskrippe bilden überlebensgroße Figuren, die aus 35 bis 45 Tonnen Eis geschnitzt wurden. Maria, Josef, das Jesuskind und die Heiligen Drei Könige werden jedes Jahr aus großen Eisblöcken geschlagen. Inmitten des ältesten Renaissancehofs der Stadt, dem stimmungsvoll beleuchteten Landhaushof, ist das ein Ort, den man in der Vorweihnachtszeit unbedingt besuchen muss. Der Landhaushof wurde von dem italienischen Architekten Domenico dell´Aglio gebaut – ein Name, den man sich in Graz merken sollte, weil einige bedeutende Gebäude von ihm entworfen wurden. Die Eiskrippe wiederum stammt von dem finnischen Künstler Kimmo Frosti, ein passender Name für einen Eiskünstler. Obwohl die Krippe aus echtem Eis geschnitzt ist, strahlt sie Wärme aus. Während sich auf der Herrengasse die Menschenmassen drängeln, um noch die letzten Weihnachtsgeschenke zu besorgen und am Hauptplatz einen Glühwein zu bestellen, findet man im Landhaushof Ruhe vom Trubel. Sollte man es gerade nicht in die Grazer Innenstadt schaffen, so gibt es auch die Möglichkeit, die Eiskrippe online, 24 Stunden lang, an sieben Tagen der Woche, zu beobachten. Ja, so modern können Krippen sein. Und wer sich Sorgen macht, ob nach einem warmen Dezember überhaupt noch eine Eiskrippe zu Weihnachten übrig ist oder nur mehr eine Wasserlache, der soll beruhigt sein, denn es gibt immer Eisblöcke als Ersatz und eine zweite Garnitur an Krippenfiguren, die bei Bedarf neu aufgestellt werden.

TIPP

Es gibt einen kompletten Krippenweg, der durch die Grazer Altstadt führt.

- Eiskrippe im Landhaushof, Herrengasse 16, 8010 Graz
- ÖPNV: Straßenbahn 1, 3, 4, 5, 6, 7, Haltestelle Hauptplatz

Ein Rausch für alle Sinne

38

Die Ernst-Fuchs-Bar

Es gibt viele Möglichkeiten, sich in Graz stilvoll zu berauschen. Ein Spaziergang durch die schönen Häuser der Altstadt wird Kunstliebhaber und Historikerinnen in Ekstase versetzen, während eine Fahrt mit der Schlossbergrutsche für Adrenalin Junkies genau das Richtige ist. Gutes Essen ist ganz bestimmt die Lieblingsdroge der Grazer und Grazerinnen. Die guten Biere und Weine und auch das steirische Kernöl können Genusssucht hervorrufen. Auf ein besonderes Genussmittel sollte man nicht verzichten: Cocktails. Diese Getränke sind Kunstwerke, die Auswahl ist beeindruckend und jeder noch so ausgefallene Gaumen wird in der besten Cocktailbar der Stadt, der Ernst-Fuchs-Bar, etwas Passendes finden. Hier gibt es aber nicht nur eine Riesenauswahl an guten Cocktails, nein, hier stimmt das Gesamtkunstwerk. Der Bar-Chef Herr Helmut, ein junger Barkeeper der alten Schule, wie man sie nur mehr selten findet, ist charmant und lebt und liebt seinen Beruf. Man bekommt hier die optimale Beratung, welcher Cocktail bei welcher Stimmung am besten mundet.

Das Ambiente ist prunkvoll und extravagant, denn die Bar wurde von dem Vertreter der Wiener Schule des Fantastischen Realismus Ernst Fuchs persönlich entworfen. Der österreichische Maler, Architekt und Visionär zugleich gilt als einer der bedeutendsten Künstler Österreichs. Viele schwungvolle Formen, Spiegel, eine tolle Beleuchtung, goldene Details, magische Szenarien und gemütliche Sitzecken bringen einen Hauch der Goldenen Zwanziger nach Graz. Die Bar hat übrigens bis spät in die Nacht geöffnet und ist somit ein Treffpunkt für Nachtschwärmer, Ballbesucher, Hotelgäste oder Künstler und Künstlerinnen. Hier trifft sich alles, was zur späten Stunde noch auf den Beinen ist, und jeder und jede gerät hier in einen Rausch, sei es in einen Farbrausch oder weil die Cocktails ihre Wirkung zeigen.

TIPP

Als Spezialität der Bar gilt der Kalashnikov-Cocktail. Es gibt aber auch fantastische nicht alkoholische Cocktails.

- Ernst-Fuchs-Bar im Hotel Erzherzog Johann, Sackstraße 3–5, 8010 Graz, Tel. +43 (6 64) 8 70 21 30, www.erzherzog-johann.com
- ÖPNV: Straßenbahn 3, 5, Haltestelle Schloßbergplatz/Graz Museum

Perfekte Symbiose

39

Im Kunstgarten in Gries

Dort, wo Künstler und Künstlerinnen zu Schaufel und Rechen greifen und Gärtner und Gärtnerinnen Kunstwerke inszenieren, dort findet man den Kunstgarten. Völlig unerwartet inmitten des fünften Grazer Stadtbezirks Gries gibt es eine Gartensiedlung aus den 30er-Jahren des vergangenen Jahrhunderts. Geplant und gebaut von der Stadt, war diese Siedlung darauf ausgelegt, den Bewohnern und Bewohnerinnen die Möglichkeit zu geben, sich mit ihren großen Gärten selbst zu versorgen.

In einem dieser großen Gärten ist heute der Kunstgarten beheimatet. Hier findet man hinter jedem Blatt und auf jedem Baum, im Wasser, in der Wiese oder in der Luft Kunstwerke heimischer und internationaler Künstler und Künstlerinnen. Dieser Ort nimmt einem einfach den Atem. Die Besitzer des Hauses führen interessierte Menschen mit viel fachkundigem Wissen zu Gartenkunst und bildender Kunst durch ihren Garten. Neben den Werken namhafter Künstler, wie Hartmut Skerbisch (Lichtschwert bei der Grazer Oper), streunt die Hauskatze, summen die Bienen und spazieren die Laufenten. Der Garten steckt voller interessanter Werke und doch ist nach wie vor Raum für junge Künstler und Künstlerinnen, die die Herausforderung annehmen und Kunstwerke in dieser ungewohnten Umgebung ausstellen. Neben den Kunstwerken und manchmal auch direkt darauf werden frische Tomaten, Erdbeeren oder Kräuter geerntet.

TIPP

Im Haus gibt es eine große Bibliothek, die auf Botanik und Gartenkunst spezialisiert ist.

Regelmäßig finden in diesem Ambiente Lesungen, Vernissagen und Filmabende statt. Hier gibt es eine schöne Symbiose von Kunst aus der Natur und Kunst, geschaffen von Menschen. Die eine oder andere Skulptur oder Installation nimmt sich die Natur auch wieder zurück. So verschwindet die moderne Kunst langsam wieder im Dickicht der Pflanzen. Vollendet wird der Garten wohl niemals sein und ebenso wenig perfekt getrimmt, aber das ist genau richtig so.

- Kunstgarten, Payer-Weyprecht-Straße 27, 8020 Graz, Tel. +43 (316) 26 27 87
  www.kunstgarten.at
- ÖPNV: Bus 39, Haltestelle Payer-Weyprecht-Straße

Schlafen unter Kunstwerken

40 Das Lendhotel

Dr. Helmut Marko ist wohl jedem Grazer und jeder Grazerin ein Begriff und auch viele Rennsportfreunde werden schon öfter von ihm gehört haben, vom Motorsportchef von Red Bull. Der ehemalige Rennfahrer hat aber auch eine ganz andere große Leidenschaft, nämlich moderne Kunst. So kommt es, dass man seine private Sammlung in seinen Hotels teilweise öffentlich und zu fast jeder Zeit besichtigen kann. Im Lendhotel zieren Werke der bedeutendsten modernen Künstler das Stiegenhaus, das Foyer, die Gänge und auch die Zimmer: darunter Grafiken und Gemälde von Maria Lassnig und Fotos von den One Minute Sculptures von Erwin Wurm. Gesammelt wurde, was gefällt. Auch in den Zimmern hängen ausgewählte Bilder, die man für einige Nächte im Hotel dann ganz für sich alleine haben kann. Man darf ihnen zuflüstern, kann darunter einschlafen, ihnen gilt oft der letzte Blick in der Nacht und der erste am Morgen und man kann sich natürlich von ihnen inspirieren lassen. Somit sieht jedes Zimmer anders aus und jedes Werk wurde ganz speziell für das einzelne Zimmer, den Gang oder die Rezeption ausgewählt.

Schlendert man durch die Gänge und durch das Stiegenhaus, sollte man sich unbedingt als krönenden Abschluss die Dachterrasse des Lendhotels ansehen. Wie es sich für eine Galerie gehört, kann man auch hier noch ein Getränk bestellen und das Gesehene verarbeiten, bevor man vielleicht noch einmal auf dem Weg zurück beim liebsten Bild stehen bleibt. Eines aber unterscheidet diese vermeintliche Galerie von anderen: Alle Werke haben bereits einen Besitzer, den Hotelchef, und sind nicht zu verkaufen, nur zu bewundern.

TIPP

Hotels mit Kunst: Augartenhotel, Schloßberghotel, Lendhotel und das Hotel Kai 36.

- Lendhotel, Grüne Gasse 2, 8020 Graz, Tel. +43 (316) 71 70 00, www.lendhotel.at
- ÖPNV: Bus 40, 67, Haltestelle Zeillergasse

Zu Besuch bei Hansi

41

Im Grazer Stadtpark

Bis zum Jahr 1872 war das Glacis ein unbebautes Feld, das dem Feind, den man immer aus dem Südosten der Steiermark erwartet hatte, keine Deckung geben sollte. Heute ist hier die grüne Lunge der Stadt. Der Stadtpark ist ein Lebensraum für viele Wildtiere, aber auch wichtig für die Grazer und Grazerinnen, die hier mit ihren Haustieren spazieren gehen, ruhen, feiern und spielen. Er steckt voller Überraschungen und man ist gut beraten immer wieder andere Wege durch den Park zu wählen. Es gibt Kunstdenkmäler, Denkmäler zu Ehren von Grazer Persönlichkeiten und Naturdenkmäler. Alte Bäume und Blumenwiesen sorgen für viele lauschige Plätzchen. Einige alte Bäume sind geschützt und können daher nur noch aus einem gewissen Abstand bewundert werden. Um den Stadtparkbrunnen und rund um das Café „Parkhouse" ist hingegen immer etwas los.

Auf der Passamtswiese geht es meist sportlich zu. Es scheinen mehr Studenten und Studentinnen ihre Tage hier im Park zu verbringen als an der nahe gelegenen Universität. Man hört Musik aus Lautsprechern und von selbst mitgebrachten Instrumenten. Die Kinder lieben den Spielplatz und den berühmten Ententeich. Erwachsene schätzen das Zentrum für Kunst im „Forum Stadtpark". Fast alle Grazer und Grazerinnen wissen, wer aber die eigentlich wichtigste Attraktion des Stadtparks ist.

Sie werden von allen gepflegt, verehrt und geliebt, die „Stadtpark-Hansis". Das sind Eichhörnchen, in Graz „Eichkatzerl" genannt. Diese flinken Parkbewohner werden liebevoll „Hansi" gerufen und manche reagieren sogar darauf. Woher der Name kommt, ist aber nicht bekannt und auch nicht wie die kleinen Stadtbewohner andernorts gerufen werden. Man freut sich einfach, wenn man einen Hansi oder eine „Hansiline" erblickt.

TIPP

Den „Hansis" einen Snack nur aus den Futterautomaten im Park spendieren. Alles andere würde sie krank machen.

- Grazer Stadtpark, zu Fuß Zugang über Paulustor oder Glacisstraße
- ÖPNV: Bus 39, Haltestelle Zinzendorfgasse

Beim Brezel-Mann

42

Frische Wagner Brezeln zum Verwöhnen

Dieser Mann ist jedem Kind in Graz bekannt. Er ist wahrscheinlich sogar bekannter als der Grazer Bürgermeister oder die Bürgermeisterin und kommt dabei ganz ohne Werbung aus. Dabei hat er unterschiedliche Gesichter, ein paar neue Gesichter sind erst kürzlich hinzugekommen. Er wird ganz einfach „Brezel-Mann" genannt und verkauft seit jeher die berühmten Wagner Brezeln an zwei Standorten in der Grazer Innenstadt. Am Platz am Eisernen Tor, an der Ecke Herrengasse und Hans-Sachs-Gasse steht er von Weitem sichtbar, weiß gekleidet mit einem geflochtenen Korb, der mit einem weißen Stoff ausgelegt und mit Brezeln gefüllt ist. Den zweiten Brezel-Mann in der Grazer Innenstadt findet man auf der Erzherzog-Johann-Brücke. Er hat dieselbe äußerliche Erscheinung, obwohl es sich natürlich um zwei Personen handelt (Vater und Sohn). In fast jeder Himmelsrichtung kann man auch außerhalb der Grazer Altstadt Wagner Brezeln kaufen, denn ohne geht es nicht. In der Lazarettgasse, in einem kleinen Wirtshaus, wurde einst die „Erste Grazer Brezen Bäckerei Gottfried Wagner" eröffnet. Jeder liebt die Brezeln, das Rezept ist bis heute ein wohlgehütetes Geheimnis. Man munkelt, dass es aus einem italienischen Kloster stammt.

TIPP

Neben dem „Brezel Mann" gibt es im Herbst und Winter heiße Kastanien.

Jedenfalls sehen die Brezeln im Korb so schmackhaft aus, dass man sich nur noch entscheiden muss, wie viele man kauft. Sie sind der ideale Snack to go, eine Jause für zwischendurch oder das altbewährte Mittel, Kinder und Männer bei einem Einkaufstrip durch die Innenstadt bei Laune zu halten. Man isst sie zu jeder Jahreszeit und braucht eigentlich keinen bestimmten Anlass dafür. Man bringt sie den Arbeitskollegen und Arbeitskolleginnen mit oder gönnt sie sich selbst als kleine Belohnung. Da Graz so verwöhnt ist von den weltbesten Brezeln, sind Grazer und Grazerinnen auch sehr wählerisch, was dieses Gebäck betrifft. Bis dato hat es kein anderer Bäcker geschafft, die Wagner Brezeln zu kopieren, allerdings haben es bisher auch nicht gerade viele versucht. Die Brezeln sind und bleiben ein Grazer Unikat und ihr Rezept gut behütet.

- Brezelstand, Herrengasse 23, 8010 Graz oder auf der Erzherzog Johann Brücke.
- ÖPNV: diverse Linien, Haltestelle Hauptplatz oder Jakominiplatz

MOSER
LOTTO
BREZEN € 1,50
handgemacht
seit 100 Jahren
#vegan

Im Eisschlaraffenland

43 Bummeln und genießen in der Sporgasse

Die Sporgasse ist eine der schönsten Einkaufsstraßen der Stadt, in der es noch kleine Geschäfte gibt und noch kaum riesige Einkaufsketten alles andere verdrängt haben. Die Häuser und Auslagen wären dafür ohnehin zu klein. Sie ist die älteste Straße der Stadt, älter als die Stadt selbst. Es handelt sich hier nämlich um eine alte römische Handelsstraße. Seit der Jungsteinzeit leben Menschen um den Schlossberg. Bereits in der Antike wurde Handel an den Römerstraßen betrieben, eine Stadt gab es zu dieser Zeit jedoch noch nicht.
Die Sporgasse windet sich direkt um den Schlossberg herum und hat daher diese interessante gebogene Form. Die Häuser, die sie säumen, sind sehr bemerkenswert und haben viele wunderschöne Innenhöfe. Die pittoresken Fassaden spiegeln unterschiedliche Epochen wider. Nicht zuletzt ist die Sporgasse ein bedeutender Teil des Weltkulturerbes Graz. Im Winter bei Neuschnee und Eis sollte man sie aber manchmal lieber meiden, denn es kann hier ganz schön rutschig zugehen. Im Sommer wird sie allerdings extra wegen des Eises aufsucht, Speiseeis natürlich. Hier gibt es viele extrem gute Eisgeschäfte, eines besser als das andere und mit einem großen Angebot: veganes Eis, vor Ort hergestelltes Eis, ausgefallene Sorten und auch die Klassiker, mit Streusel und Sauce oder ganz einfach zwei Kugeln in der Waffel. Mit einem Eis bewaffnet lässt es sich dann noch besser durch die Stadt flanieren oder man sucht sich ein ruhiges „Platzerl" und isst erst mal in Ruhe auf. Auch diese Plätze findet man in der direkten Umgebung: Färberplatz, Karmeliterplatz, Burggarten und Stadtpark, Schlossberg, Joanneumsviertel oder schöne Stellen entlang der Mur, alle diese lauschigen Orte sind in fußläufiger Entfernung, sodass das Eis bis dorthin noch nicht geschmolzen sein wird.

TIPP

Unbedingt das Vanilleeis der Confiserie Eckhard kosten.

- Eisgeschäfte, Sporgasse 1, 4, 10, 13, Färbergasse 3
- ÖPNV: diverse Linien, Haltestelle Hauptplatz

HANKO

Musik und Eierspeis

44

Im Theatercafé die Nacht zum Tag machen

Würde es das Theatercafé nicht geben, müsste man es erfinden. Es ist ganz einfach nicht aus dem Grazer Nachtleben wegzudenken und ist über die Stadtgrenzen hinaus ein Begriff. Ein Besuch im Theatercafé und man braucht keine Kur mehr, keinen Seelendoktor, keine Therapie. Ausgiebig lachen und feiern und schon sind die Schmerzen und Probleme mindestens bis zum Morgen danach vergessen. Warum? Das Café ist eine traditionsreiche Kabarettbühne. Hier wird fast jeden Abend gelacht und man lauscht den Nachwuchskabarettisten und -kabarettistinnen oder auch Stars der Szene, die ihrem alten Stammlokal einen Besuch abstatten. Hier wird musiziert und das bis in die frühen Morgenstunden.

Generationen von Studentinnen, Künstler, Musikern, Literatinnen und Nachtschwärmern haben sich hier getroffen und nahezu jeder kann eine legendäre Geschichte aus dem Theatercafé erzählen. Jene zum Beispiel, die den in den 1990er-Jahren hier tätigen Pianisten gekannt haben. Wenn es dem zu bunt wurde und er das Gefühl hatte, dass ihm keiner zuhört, knallte er einfach den Deckel der Tastatur zu und kündigte an, nie mehr vor diesem Publikum zu spielen! Er hat es dann aber doch immer wieder getan.

TIPP

Gleich daneben am Bauernmarkt am Kaiser-Josef-Platz gibt es schon ab 5 Uhr ein Frühstück.

Eine heimelige Atmosphäre, schummriges Licht und eine dunkle Holzvertäfelung machen das Theatercafé zu einem Ort, wo man sich gerne aufhält. An den Wänden hängen die Plakate vergangener Stücke. Es ist nie genug Platz auf den Garderobenhaken, daher wird der Eingang zum Lokal schnell noch schmaler und es wird noch schwieriger, das Theatercafé auch wieder zu verlassen. Die legendären Eierspeis-Variationen (Eierspeis = Rührei) sollte man versuchen. Es lässt sich nicht so leicht entscheiden, ob die Kernöleierspeis auch am Tag so wahnsinnig gut schmeckt oder ob es doch der Hunger nach einer Partynacht ist, der sie unvergesslich macht. In der Steiermark sagt man jedenfalls, dass alles, was mit Kernöl in Berührung kommt, einfach noch besser wird.

● Theatercafé, Mandellstraße 11, 8010 Graz, Tel. +43 (316) 82 53 65, www.hinwider.com

● ÖPNV: Straßenbahn 3, Haltestelle Mandellstraße

Mit Popcorn und Prosecco

45 Im Rechbauer-Kino gute Filme genießen

Dieses alte Lichtspielhaus besuchen viele, weil es hier Makava, Aperol Spritz oder Prosecco gibt, den man in den Kinosaal mitnehmen kann, außerdem Manner-Schnitten und natürlich Popcorn. Das schmeckt aus irgendeinem Grund zu Hause nie so gut wie in den Kinos. Viele kommen zum Plaudern vorbei, wieder andere nutzen die hauseigene Videothek. Da kann man Videos und DVDs ausgewählter Filme oder Raritäten ausborgen. Eine Geschäftsidee, die in Zeiten von Streaming-Plattformen fast überall verschwunden ist. Aber die meisten kommen hier ins Rechbauer Kino, um einen guten Film zu sehen. Nicht ohne Grund heißt es „Filmzentrum Rechbauer", denn es handelt sich hier quasi um den Nabel der Filmwelt in Graz. Geschäftsführer Dieter Pochlatko ist selbst Filmproduzent und hatte bereits bei einigen österreichischen Kultproduktionen seine Hände im Spiel: „Der Bockerer II", „Atmen", „Der Trafikant", Serien wie „Der Pass" und „Die Ibiza-Affäre" und Fernsehsendungen wie „Tatort", Landkrimis und Stadtkomödien. Alle diese Filme und Serien sollte man übrigens einmal gesehen haben.

Das Rechbauer steht exemplarisch für eines der letzten Traditionskinos, die sich in Graz noch gehalten haben. Ebenfalls einen Besuch wert ist das Schubert-Kino mit dem sonnigsten Gastgarten der Stadt, das Geidorf-Kino im Herzen des Univiertels und das KIZ Royal mit Filmen in Originalsprache. Hier wird noch ein wahres Erlebnis geliefert mit einem Hauch von Nostalgie. Zur Zeit der Diagonale, dem Festival des Österreichischen Films, sieht man in den Grazer Kinos das Neueste, was österreichische Filmemacher und Filmemacherinnen zu bieten haben. Da waren auch schon Uraufführungen dabei, die später den Oscar gewonnen haben.

TIPP

Warum nicht einmal einen Kinosaal mieten? Alles ist möglich!

● Filmzentrum Rechbauer, Rechbauerstraße 6, 8010 Graz, Tel. +43 (3 16) 83 05 08
www.filmzentrum.com
● ÖPNV: Straßenbahn 3, Haltestelle Rechbauerstraße

KINO
HEUTE
DER BESTE FILM
ALLER ZEITEN

Gaudeamus igitur!

46 Die Universitätsbibliothek als architektonisches Glanzstück

Graz ist eine Studentenstadt. Die Studenten und Studentinnen aus aller Welt halten die Stadt jung und sorgen für eine ganz spezielle Dynamik im Stadtleben. Die Karl-Franzens-Universität ist die zweitgrößte Universität Österreichs. Sie bietet ein Studium aller Fakultäten und verschiedene interessante Studienschwerpunkte an. Tolle Berufsaussichten gibt es für die Absolventen und Absolventinnen der Technischen Universität. Die Fachhochschulen locken mit hochspezialisierten Studien. Die Medizinische Universität arbeitet eng mit dem modernen Landeskrankenhaus zusammen. Architekturstudenten und -studentinnen können sich von den Bauwerken der Altstadt und der „Grazer Schule der Architektur" inspirieren lassen und die vielen Jazzkeller und Jazz-Festivals, Oper und Schauspielhaus sind für die Musikstudenten und Musikstudentinnen ein Grund, in Graz zu studieren. Die ganze Gegend rund um die Universitätsgebäude, kurz „Uni-Viertel" genannt, wurde so zu einem Hotspot jungen Lebens. Hier gibt es viele coole Lokale und öffentliche Plätze. Man erfreut sich nicht nur am Studieren, sondern auch am freien Studentenleben. Die neueste Sehenswürdigkeit des Uni-Viertels ist die Universitätsbibliothek von Architekt Thomas Pucher: ein spektakuläres freistehendes Dach versehen mit einem 500 Quadratmeter großen Sgraffito-Kunstwerk von Anna Artaker, das einen Lesesaal nach einer Kupferstichvorlage aus der Renaissance darstellt. Die UB ist bestens ausgestattet mit 1000 Leseplätzen, mit Besprechungsräumen, sogar mit einem Spiel- und Wickelraum für Kinder, Lokalen und dem buntesten Hörsaal des Landes, dem Alumni-Saal. Die alte Fassade aus dem 19. Jahrhundert wurde wieder freigelegt und der alte Leseraum restauriert. Der Überschuss der Energie aus dem Rechenzentrum des ReSoWi-Gebäudes wird hierher umgeleitet. Vier Millionen Medien machen die Bibliothek zur drittgrößten Bibliothek Österreichs. „Wissen ist Macht" und wenn man etwas mal nicht weiß, dann kann man hier nachblättern.

TIPP

Die Sprüche auf den Sesseln des Alumni-Hörsaals beachten.

- Universitätsbibliothek Graz, Beethovenstraße 8, 8010 Graz, Tel. +43 (3 16) 3 80 50 00, www.ub.uni-graz.at
- ÖPNV: Bus 31, Haltestelle Uni/ReSoWi

Feiern auf Steirisch

47 Das Aufsteirern Festival

Da kann man schon einmal überrascht sein, wenn man eines Morgens in Graz aufwacht und in der ganzen Stadt nur Dirndl und Lederhosen erblickt. Einmal im Jahr feiert die Landeshauptstadt ihre grün-weißen Wurzeln und das führt zu sofortiger Kirtag- oder Kirmes-Stimmung in der Stadt. Das größte Dorffest der Steiermark im größten Dorf der Steiermark nennt man „Aufsteirern". Steirer und Steirerinnen tragen mit Stolz ihre Trachten, ihr Sonntagsgewand quasi. Das sind steirische Kilts, der klassische Steireranzug, Dirndkleider und Lederhosen. Da gibt es edle Dirndl der Grazer Designerin Lena Hoschek oder das sogenannte Wasch-Dirndl, das ebenso seine Reize hat. An jeder Ecke wird musiziert, natürlich mit vielen steirischen Instrumenten, wie der Steirischen Knopferl-Harmonika, mit Teufelsgeigen und Jagdhörnern, oft auch sehr modern interpretiert. Märchenerzähler tragen Mundart-Gedichte vor, die auch für Einheimische nicht immer leicht zu verstehen sind. Wie es einem echten steirischen Fest gebührt, gibt es jede Menge gutes Essen und Getränke: Schilcher, Sterz und Sturm sind die Vorboten des Steirischen Herbstes.

TIPP
Sturm, Schilcher, Schilchersturm und Sterz unbedingt einmal probieren.

Brauchtum wird in der Steiermark nicht nur von der älteren Generation gelebt, bei diesem Fest sind vor allem auch viele junge Steirerinnen und Steirer leidenschaftlich dabei. Am Sonntag ist die Stadt dann voll, wirklich voll. Das „normale" Stadtleben kommt zum Erliegen, der öffentliche Verkehr hat keine Chance und an Arbeit ist in der Innenstadt nicht zu denken. Man muss sich schon gut in der Stadt auskennen, um zu wissen, wo es noch ruhige Plätzchen gibt. Der Landhaushof und der Mehlplatz sind es sicherlich nicht. Da hilft dann nur mehr eines: rein ins Getümmel und einfach mittanzen, ausprobieren, verkosten und sich von der Menge treiben lassen.

- Aufsteirern Festival, Grazer Innenstadt, an einem Wochenende im September, www.aufsteirern.at
- ÖPNV: diverse Linien, Haltestelle Jakominiplatz

Gut verwurzelt

48 Weinverkostung in der Vinothek bei der Oper

In der Steiermark kennt man viele große Biermarken und die steirischen Weine sind über die Grenzen hinaus bekannt. Jedes Jahr hagelt es Medaillen für die besten Weine. Die Steiermark ist vor allem bekannt für Weißweine, einige Rotweine und für einen einzigartigen Roséwein, den Schilcher, den es so nur in der Weststeiermark gibt. Die Weine sind mit ein Grund, warum sich Graz „Genusshauptstadt" nennen darf. Um die Rebensäfte genauer kennenzulernen, etwas über ihren Hintergrund zu erfahren und um die Steiermark wirklich zu schmecken, sollte man eine Weinverkostung machen. Neben vielen guten Weinbars, Weinkellern und Restaurants, die Graz zu bieten hat, sticht eine kleine Vinothek, die älteste der Stadt, besonders heraus: die Vinothek bei der Oper.

TIPP

Die saisonalen ausgewählten Leckereien wie Honig oder Essige sind ebenfalls spitze.

Schon von der Ferne sieht man einen Weinstock im wahrsten Sinne des Wortes aus dem Keller herauswachsen. Allein dieser Weinstock ist einen Besuch wert, ist er doch eine botanische Besonderheit. Er schmückt den Eingang und trotzt gleich mehreren Klimazonen, denn seine Wurzeln sind im immer kühlen Keller und seine Blätter in der warmen Sonne, im Regen oder im Schnee. Wenn das Wetter passt, dann finden genau unter ihm die Verkostungen statt. Da gibt es ganz besondere Tropfen der berühmten steirischen Weine zu probieren. Die kleine Vinothek ist im Besitz der Familie Lamprecht, die seit Jahrzehnten mit ganzem Herz bei der Sache ist. Während einer Verkostung erfährt man so nicht nur viel über die steirischen Weine, sondern auch amüsante Anekdoten über Land und Leute. Das Ehepaar Lamprecht kennt Graz sehr gut und beantwortet gerne Fragen rund um die Stadtgeschichte und zu den Sehenswürdigkeiten. Hier geht es ganz unkompliziert zu. Wenn man bei einem Stadtbummel vorbeispaziert, trinkt man in familiärem Ambiente ein Gläschen Wein, plaudert ein wenig und nimmt die eine oder andere Flasche und weitere Wein-Accessoires direkt mit nach Hause.

● Vinothek bei der Oper, Tummelplatz 1, 8010 Graz, Tel. 43 (316) 82 88 34
www.vinothekgraz.com
● ÖPNV: Bus 30, Haltestelle Tummelplatz

WEIN
RARITÄTEN
VERJUS
GELBER
MISS ROSY
BÄRMUT

Körbe, Bürsten und Pinsel

49

Bei Korbwaren Schmidt stöbern und staunen

Ist es nicht ein Traum, bei einem Rundgang durch eine neue Stadt kleine Handwerksbetriebe zu finden, die einzigartige Dinge herstellen, die man nur hier kaufen kann? Beispiel für solch ein Geschäft ist Korbwaren Schmidt in der Nähe des Griesplatzes. Die Seniorchefin ist manchmal selbst anwesend und weiß viele Anekdoten aus der Gegend zu erzählen. Das Geschäft wurde 1852 gegründet, natürlich im Handwerksbezirk Gries. Vor 70 Jahren gab es noch 60 Angestellte und Lehrbuben, die ihre Schlafplätze auf dem Dachboden des Hauses fanden. Nach dem Zweiten Weltkrieg warteten die Menschen sehnsüchtig auf die erste Produktion von Besen und Bürsten, denn es mangelte an allem. Noch bevor die Familie auf der ersten Grazer Messe nach dem Krieg ihre Waren anpreisen konnte, kauften die Menschen sämtliche Besen und Bürsten direkt am Weg vom Wagen herunter. War man bei der Gründung nur ein Laden von vielen in dieser Branche, so ist das Geschäft heute das einzige weit und breit, das so spezialisiert ist.

Hier schaut es wie in einem Kuriositätenladen aus: Von der extra dafür erhöhten Decke hängen Besen und Bürsten in allen Größen und für jeden Zweck, auf den Tischen stehen kleine Bürsten, von Zahnbürsten aus Holz bis zu Rasierpinseln, verschiedene Löffel und Pinsel und in den Regalen gibt es geflochtene Körbe aller Art. Man braucht vielleicht nicht jeden Tag einen neuen Korb, aber wenn, dann findet man hier den passenden, sei es für die Katze, die Schmutzwäsche oder zum Einkaufen. Oder falls es eine Bürste sein soll, ein Pinsel oder ein Löffel, dann ist man hier genau richtig und wird sicher fündig. Das Stück hält in der Regel dann für die Ewigkeit. Zu Weihnachten gibt es hier auch den klassischen steirischen Christbaumschmuck aus Strohsternen, der gemeinsam mit Äpfeln und Papiergirlanden einen Christbaum traditionell und wunderschön schmücken kann. Der Bezirk Gries war einst das Zentrum für Handwerk in Graz, originell und spezialisiert, wie die Seniorchefin bestätigt. Diese geflochtene Wunderkammer ist noch heute ein gutes Beispiel dafür.

TIPP

Ein paar Meter weiter findet sich das Bohemian Soul Beehive mit Handwerk, Secondhand und Veranstaltungen.

- W.A. Schmidt, Rösselmühlgasse 4, 8020 Graz, Tel. +43 (316) 71 12 08
- ÖPNV: Bus 31, 32, 33, 40, Haltestelle Griesplatz

3.70
2.50
2.30
3.60

One Minute Sculptures

50 Kunstwerk von Erwin Wurm vor dem „Domenig-Spitz“

Hier besteht die Chance, einfach einmal über seinen Schatten zu springen. Wer sich auf gut Österreichisch „nichts schert“, also nicht darum kümmert, was andere sagen, der könnte hier eine Minute lang Teil von etwas Großem werden. Denn es bietet sich die Möglichkeit, selbst ein bewundertes Kunstwerk zu sein. Die Idee dazu stammt nicht von irgendeinem Künstler, sondern von einem der weltweit renommiertesten Künstlern der Gegenwart, dem Steirer Erwin Wurm. Am Fuße des Schlossbergs, in der Sackstraße, befindet sich eine „moderne Ecke“ der Altstadt. Das Gebäude wurde von Günther Domenig, einem Vertreter der Grazer Schule der Architektur, entworfen. Das Gebäude zwischen Sackstraße und Murkai läuft zu einem Spitz zusammen, an dessen Ende drei unscheinbare Betonquader stehen. Doch genau diese „Klötze“ können zu Kunstwerken von Erwin Wurm gemacht werden, zu einer seiner berühmten One Minute Sculptures. Mit feinen Linien ist die Anleitung für die Kunstwerke am Stein angebracht. „Be a dog for one minute“ steht da beispielsweise geschrieben oder eine Idee für eine Skulptur um 8 Uhr in der Früh. Hat man zufällig ein Gummiband dabei, dann könnte es hier eine neue Funktion bekommen. Der besondere Kick dabei ist, dass es in der Natur der Sache liegt, wenn einem Passanten und vorbeifahrende Autos besorgte und belustigte Blicke zuwerfen, während man auf den Würfeln posiert. Denn kaum jemand weiß, dass es sich hier um ein Kunstwerk zum Mitmachen handelt. Nimmt man also die einzigartige Chance wahr und macht sich für eine Minute zum Kunstwerk, kann man mit Stolz erzählen, dass man am Domenig-Spitz in Graz als Skulptur von Erwin Wurm fungiert hat. Das haben übrigens auch schon Prominente gemacht, wie die Rockband Red Hot Chili Peppers oder der Schauspieler Peter Simonischek. Sie alle schienen dabei Spaß zu haben. Die One Minute Sculpture ist allerdings nichts für die Ewigkeit, wie der Begriff schon sagt, sondern vergänglich, wie vielleicht das Glück.

TIPP

Unter KIÖR – Kunst im öffentlichen Raum findet man noch mehr frei zugängliche Kunstwerke.

● Domenig-Spitz, Sackstraße 29, 8010 Graz
● ÖPNV: Straßenbahn 3, 5, Haltestelle: Schlossbergbahn

Luft anhalten und an Spinoza denken

Augen zu und durch!

51 Adrenalinfahrt mit der Schlossbergrutsche

Es gibt viele Wege auf den Grazer Schlossberg hinauf, aber seit Kurzem noch mehr Wege wieder hinunter. Je nachdem, wie sportlich man ist oder auf wie viel Bewegung man Lust hat, gibt es für jeden und jede das passende Fortbewegungsmittel. Man kann zu Fuß auf den Schlossberg gehen, über einen der vielen kleinen Wege auf der Nord- und Ostseite des Berges. Oder man erklimmt die 260 Stufen des „Kriegssteiges", der sich am kahlen Felsen hinaufwindet, um direkt vor dem Uhrturm anzukommen. Möchte man es eher gemütlich angehen, dann gibt es die Schlossbergbahn. Da hat man eine tolle Aussicht über die Stadt und kommt hoch hinaus, ohne dabei ins Schwitzen zu geraten. Der schnellste Weg hinauf auf den Berg ist eine Fahrt mit dem Schlossberglift, gerade durch den Berg hindurch. Eine spektakuläre Liftfahrt im gläsernen Lift inklusive Musik und eigenartigem Geschrei, das immer wieder zu hören ist. Bei dieser kurzen Fahrt sieht man schon das silberne Gerüst der Schlossbergrutsche, „Slide Graz" genannt, von der das Gekreische ausgeht. So flott es auch mit dem Lift bergauf geht, ist das Hinunterrutschen dann der echte Adrenalin-Kick. Die wilde Talfahrt mit der höchsten Indoor-Rutsche Europas dauert nur eine halbe Minute und Höhenangst sollte man besser nicht haben. Nach einer langen Geraden am Schluss wird auch noch ein Schnappschuss gemacht, ehe man im Schlossbergstollen auf Höhe des Schlossbergplatzes wieder hinausflutscht. Viel Gelächter, ein erhöhter Puls und sogar Gekreische und Gejohle sind vorprogrammiert. Die gute Stimmung der Rutscher und Rutscherinnen, die unten ankommen und über ihre Fahrt berichten, ist für Passanten und Passantinnen am Schloßbergplatz ansteckend. Manches Lachen hört man vom Berginneren bis auf den Platz hinaus.

TIPP

Für die kleinen Schlossbergbesucher und -besucherinnen gibt es eine aufregende Fahrt mit der Märchengrottenbahn.

● Schlossbergrutsche Slide Graz, Schloßbergplatz, 8010 Graz, Tel. +43 (316) 82 90 28, www.schlossbergrutsche.at
● ÖPNV: Straßenbahn 3, 5, Haltestelle: Schloßbergplatz/Graz Museum

Wie in der Karibik

52

Kleine Auszeit am Citypeach

Bis zum Hauptplatz hört man die Musik und auf der Erzherzog-Johann-Brücke blickt eine Menschenansammlung flussabwärts. Da ist schnell klar: Der Citypeach, der Grazer Stadtstrand, hat wieder geöffnet. Dieser Teil des Flussufers hat gleich mehrere Dinge zu bieten. Die Graffiti-Wände unter der Brücke, am Gehweg, gelten als die buntesten der Stadt und die Wand vom Citypeach wird von Streetart-Künstlern und -Künstlerinnen immer wieder neu gestaltet. Da waren schon sehr große Namen am Werk, wie das Grazer Graffiti-Ur-Gestein „NEO", der eine Graffiti-Stadtansicht nördlich der Brücke sprayen durfte. Dieses Graffiti, das zu den Klassikern gezählt werden konnte, blieb bis 2021 bestehen. Südlich der Brücke waren die Schwestern von Decasa, Carola und Sabrina Deutsch, am Werk, außerdem Tom Lohner, David Leitner und kürzlich Andrea Kurtz von „Screaming Bonsai". Im Frühjahr 2022 kamen dann die Affen von Gernoth Passath und Jürgen Gritzner.

Neben farbigen Wänden gibt es hier ein bisschen Strandfeeling mit Liegestühlen, Cocktails und vor allem guter Musik. Zahlreiche Liveacts, Open-Air-Konzerte und DJs lassen die Zeit hier wie im Flug vergehen, fast so als wäre es ein bunter, lustiger Strand am Meer. Von Electro und Balkan Rock bis Singer-Songwriter-Musik und Indie, von Cover Bands bis zu Techno, die ganze musikalische Bandbreite ist hier zu hören. Hier finden auch mal Märkte statt, es werden ganz entspannt Haare geschnitten, natürlich wird auch viel getanzt und hoffentlich bald wieder auf der Murwelle gesurft. Da muss man eigentlich nicht mehr verreisen, um in Urlaubsstimmung zu kommen, denn am Sonnendeck unter dieser Brücke fehlt es einem an nichts.

TIPP

Einfach noch weiter an der Murpromenade entlang-spazieren.

● Citypeach Graz, Erzherzog-Johann-Brücke, 8010 Graz, Tel: +43 (6 99) 17 33 11 17
● ÖPNV: Straßenbahn 1, 4, 6, 7, Haltestelle Kunsthaus

CAFE
SCHWALBENNEST
E REISEREI

Glück in kleinen Portionen

53 In der Mészáros Macaron & Dessert Boutique

Der Anblick alleine macht schon glücklich: ein kleines lauschiges Café gleich neben der turbulenten Herrengasse, eine Vitrine, gefüllt mit bunten Törtchen und Macarons. Manche leuchten in Pastellfarben und sind bunt gemustert, einige schimmern golden, andere scheinen noch dazu mit kleinen Streuseln bedeckt zu sein. Jedes kleine Macaron ist perfekt mit seiner glatten Oberfläche und seiner cremigen Füllung, nicht zu fest und nicht zu weich, genau in der richtigen Größe. Die Sorten wechseln nach Saison. Im Winter gibt es zum Beispiel Macarons mit Marzipan oder mit Lebkuchenaroma, im Sommer Kokos- und Himbeer-Macarons. Die Verpackungen sind schön, sollte man die Nachspeise mit nach Hause nehmen oder verschenken wollen. Bunte Schachteln und Säckchen mit Schleifen setzen die kleinen Kunstwerke perfekt in Szene. Gleich daneben geht der Farbenrausch noch weiter: Kleine Torten zieren die Nachbarvitrine. Zwischen glänzenden Schokoladentörtchen und knusprigen Nussschnitten findet man fruchtige Kombinationen, durchaus ausgefallen, bunt, verziert und auf jeden Fall schön anzusehen. Im Sommer gibt es noch dazu hausgemachtes Eis, gelagert in einem Retro-Eiswagen, serviert in sensationellen Kombinationen.

TIPP

Das Lavendel-Macaron ist eine Wucht! Unbedingt probieren!

Als wäre der Anblick nicht schon genug, schmeckt hier auch noch alles sehr gut. Man schmeckt die Liebe zum Detail und zu ausgewählten Zutaten. Geschmacksverstärker scheinen in dieser Konditorei nichts verloren zu haben. Die bunten Köstlichkeiten werden nicht weit weg von Graz, in Szombathely in Ungarn, gefertigt und frisch geliefert. Alle Portionen sind klein, aber niemand schreibt vor, wie viele Portionen davon man essen darf. Es wäre fast zu schade, bei Mészáros nur eine Nachspeise zu probieren.

- Mészáros Macaron & Dessert Boutique, Jungferngasse 2, 8010 Graz, Tel. +43 (316) 30 84 53
- ÖPNV: diverse Linien, Haltestelle Hauptplatz

Stadt ohne Grenzen

54 Die visionären Reininghausgründe

Graz ist eine der am schnellsten wachsenden Städte im deutschsprachigen Raum. Das macht sich auch im Stadtbild bemerkbar, denn an jeder Ecke und in fast allen Bezirken der Stadt werden Häuser und Siedlungen gebaut. Das öffentliche Verkehrsnetz wird ausgebaut und es gibt einen breiten Diskurs über die Lebensqualität und die Zukunft der Stadt. Das Bevölkerungswachstum ist eine große Herausforderung für Graz und eine Chance zugleich. Sinnbildlich dafür stehen die Reininghausgründe. Auf dem ehemaligen Areal der Bierbrauerei Reininghaus entsteht bis 2025 das Stadtviertel der Zukunft, das Wohnraum für ca. 10 000 Menschen bieten soll. Interessant ist die von Anfang an geplante Kombination von Wohnraum und rund 5000 Arbeitsplätzen direkt im Stadtviertel und von Stadt und Natur.

Was wäre ein Stadtviertel der Zukunft ohne nachhaltige Konzepte und durchaus gewagte Ideen, die die Probleme der Zukunft zu lösen versuchen? Das Zentrum wird autofrei sein, mit breiten Gehsteigen und Radwegen sowie jeder Menge Möglichkeiten, sich im öffentlichen Raum zu begegnen. 900 Bäume werden gepflanzt und ein Teil des alten Baumbestands wird bewahrt. Carsharing ist geplant, Parks und Sportplätze, Stege und kleine Wasserlandschaften, um die Füße abzukühlen, Schulen und Lokale. Hier entsteht eine Stadt ohne Grenzen, denn das Areal ist riesig. Wenn man sich umsieht, dann wird man bemerken, dass es völlig frei von Zäunen ist. Hier sind Spielplätze nicht von Mauern umgeben, um die Kinder vor dem Straßenverkehr zu schützen, hier haben die Menschen Vorrang. Denkmalgeschützte Gebäude, wie die alte Mälzerei, bleiben bestehen und werden in das neue Leben mit einbezogen. Aber auch das höchste Haus der Stadt soll hier gebaut werden. Die ganze Stadt schaut gespannt und mit viel Vorfreude in den Grazer Westen, auf ein neues Zentrum, nur ein Stück weit entfernt vom historischen Stadtkern. Es ist ein schönes Erlebnis, einmal durch das Graz der Zukunft zu schlendern.

TIPP

Die alte Tennenmälzerei soll das neue kulturelle Zentrum des Viertels werden.

● Reininghausgründe, Tel. +43 (6 78) 1 21 81 50, www.reininghausgründe.at

● ÖPNV: Straßenbahn 4 oder Bus 65, Haltestelle Reininghaus

0316 393332

Geben und nehmen

55 Offene Bücherboxen

Mit den Büchern ist das so eine Sache. Man kann eigentlich nie genug haben und alleine der Anblick eines vollen Bücherregals erweckt Glücksgefühle und macht einen Raum heimelig und gemütlich. Aber was, wenn das Budget gerade knapp ist für neue Literatur oder die Bücherregale zu Hause überquellen und sich die Bücher schon in der Küche und in der Dusche stapeln? Für diese Probleme hat man sich in Graz eine ganz einfache Lösung einfallen lassen und überall in der Stadt, wirklich nahezu überall, offene Bücherboxen aufgestellt.
Vom Projekt JUKUS gebaut und aufgestellt, sehen sie alle etwas anders aus und die Plätze wurden wohlüberlegt gewählt. Neben den Bücherboxen, die in Parks, in ruhigen Innenhöfen oder auf lebhaften Plätzen, entlang von Geh- und Fahrradwegen, auf Spielplätzen, in Freibädern oder in Siedlungen stehen, gibt es meistens ein lauschiges Bankerl. Das Prinzip ist sehr einfach: Man legt Bücher, die man nicht mehr braucht, die man schon mehrfach gelesen hat oder die man aus unterschiedlichen Gründen ausmisten musste, einfach in die Box. Man verabschiedet sich und wünscht dem Buch einen neuen netten Besitzer oder eine Besitzerin. Auf der anderen Seite darf man ein Buch, das man in der Box findet und das gefällt, einfach mitnehmen und sich daran erfreuen. Das schont die Umwelt und das Geldbörserl und stärkt den Zusammenhalt, denn vor den Boxen kommt man schnell ins Gespräch und das rund um die Uhr.
Eine der neuesten Bücherboxen befindet sich direkt neben den Wasserspielen am Bertha-von-Suttner-Platz. Dort laden die Bänke unter den Bäumen gleich zum Verweilen ein. Man hört das Plätschern der Wasserspiele und am Wochenende auch die Rufe und Pfiffe aus dem Fußballstadion. Mit einem guten Buch fällt das aber gar nicht auf.

TIPP

Im Sommer bieten die Wasserspiele eine herrliche Erfrischung.

● Offene Bücherregale, Bertha-von-Suttner-Platz, 8041 Graz
www.nachhaltig-in-graz.at
● ÖPNV: Straßenbahn 4, Haltestelle Stadion Liebenau

25
offene
Bücherbox

Wie angezuckert

56

Der Schlossberg im Winter

„Leise rieselt der Schnee“ – die Luft ist kühl und gut, das Licht irgendwie anders, der Verkehrslärm leiser, das Leben langsamer. Wenn der erste Schnee fällt, dann freuen sich die meisten Leute, egal ob Jung oder Alt. Es ist und bleibt etwas Besonderes, vor allem, wenn im Advent die Stadt „angezuckert“ wird. Dann liefern sich Kinder und Erwachsene im Stadtpark Schneeballschlachten. Fast jede Wiese wird von Schneemännern und Schneefrauen besiedelt, spannende Spuren werden neben den Gehsteigen sichtbar und lustige Sprüche und Zeichnungen, manchmal nicht ganz jugendfrei, zieren die parkenden Autos. Der erste Schneefall schafft es sogar auf die Titelblätter der Zeitungen, so besonders ist und bleibt das Ereignis, obwohl es sich jährlich wiederholt. Ein besonders schöner Platz auch bei diesem Wetter ist oben am Schlossberg. Meistens ist es dort bei Schneefall ungewohnt ruhig, nur einige tapfere Stadtbewohner und Stadtbewohnerinnen machen Sport oder räumen die Straßen und Gassen. Es wimmelt nur so von Fotomotiven: der verschneite Wald, die Aussicht über die weiße Stadt und natürlich die angezuckerten Sehenswürdigkeiten. Im Schnee wird erst sichtbar, für wie viele verschiedene Lebewesen der Schlossberg ein Zuhause ist, denn überall sind geheimnisvolle Spuren zu sehen. Spuren von der Grazer-Schlossberg-Hauskatze, von Vögeln und Hasen, ja sogar Spuren von Rehen und Spuren, die man erst nachschlagen muss. Die wenigen Menschen am Berg scheinen alle besser gelaunt zu sein als an anderen Wintertagen und plötzlich beginnt man mitten in der Stadt auch fremde Menschen zu grüßen und sich gegenseitig über Schneehügel hinwegzuhelfen. Hilfsbereiter, rotbackiger und glücklicher zeigt sich die Stadt, bevor der Alltag wieder seinen Lauf nimmt und der Ärger über „Gatsch“ (Matsch) und Dachlawinen einsetzt.

TIPP

Man sollte festes Schuhwerk für eine Schneewanderung anziehen.

● ÖPNV: Bus 30, Haltestelle Karmeliterplatz

Manege frei!

57 Der Circus Wonderlend

Alle Jahre wieder zieht vor Weihnachten der Zirkus in die Stadt. Aber nicht irgendein Zirkus, sondern ein Weihnachtsmarkt der besonderen Art. Neben den traditionellen besinnlichen Märkten am linken Murufer ist der Circus Wonderlend am rechten Murufer herrlich kreativ und anders, jedenfalls noch bunter und manchmal noch lauter. Der Name ist ein Wortspiel, denn die Stände sind rund um eine kleine Tanzfläche eben im Bezirk Lend aufgestellt. Es gibt regelmäßig Livemusik, darunter Auftritte lokaler Berühmtheiten, aber auch Bands, Tanzgruppen und DJs lassen sich hier sehen. Ganz unter dem Motto „tanzende Füße frieren nicht“ wird fast täglich im Zirkus das Tanzbein geschwungen. Und wenn nichts mehr hilft, gibt es auch noch die Aftershow-Party im Nachtlokal PPC (Projekt Pop Culture), wo dann eher der Schweiß von der Decke tropft, als dass jemand frieren würde. Das ist Weihnachtsstimmung in Lend!

An anderen Abenden geht es ruhiger zu mit zauberhaftem Kinderprogramm. Bunte Girlanden, eine geschmackvolle Dekoration und die gemütliche Anordnung der Stände lassen diesen Weihnachtsmarkt aus all den anderen hervorstechen. Die Mariahilferkirche erstrahlt jedes Jahr in einem neuen Design, beleuchtet von den Grazer Visual Artists OchoReSotto. Das ist der perfekte Rahmen für den bunten Wanderzirkus. Es gibt kleine Verkaufsstände mit regionalen Produkten, vor allem aber gute Getränke der benachbarten Lokale. Hier findet man Grazer Spezialitäten wie Glüh-Makava oder Eule-Bier. Das große Highlight und gleichzeitig das Ende des Zirkusmonats ist am 23.12. das „Christbaum-Stibitzen“. Das bedeutet, dass die Bäume, die rund um den Platz aufgestellt wurden, legal gestohlen werden dürfen, das ist bereits eine alte Lend-Tradition. Egal, was man im Dezember feiert, betritt man den Zirkus, kommt sofort festliche Stimmung auf, man fühlt sich hier wohl und sicher im kreativen, dörflichen und familiären Rahmen des Circus Wonderlend.

TIPP

In den Geschäften im Bezirk Lend gibt es ausgefallene Geschenkideen und besondere Weihnachtstraditionen, einfach nachfragen!

- Circus Wonderlend, Mariahilferplatz, 8020 Graz
- ÖPNV: Straßenbahn 1, 4, 6, 7, Haltestelle Kunsthaus

Feurige Sommernächte

58 Latin Nights am Lendplatz

Kaum zu glauben, wie exotisch, rassig, temperamentvoll, feurig und schwungvoll Graz sein kann. Denkt man an Tanzen und Österreich, so fällt einem sofort der Wiener Walzer ein, die Ballsaison mit den vielen Traditionen bzw. die Begriffe Frack, Mitternachtsquadrille, Damenwahl oder Fächer-Polonaise. Eventuell kommen einem noch Bilder von Hochzeitsmärschen, Polkas in Dirndl und Lederhosen und Schuhplatteln in den Sinn oder die berühmten Après-Ski-Partys, die allerdings nicht viel mit Tanz zu tun haben. Aber an Salsa, Tango und Cha-Cha-Cha denkt man normalerweise nicht. In Graz gehört aber auch das dazu. Jeden Mittwoch im Sommer wird unter freiem Himmel am Lendplatz getanzt, gefeiert und gesungen, selbstverständlich mit Livemusik. In den warmen Sommernächten könnte man dann fast meinen, in Südamerika zu sein. Sogar den einen oder anderen „echten" Kubaner und „echten" Südländer trifft man hier an. Man wird von der guten Laune einfach mitgerissen. Der südliche Brauch, unter freiem Himmel zu feiern und sich zu bewegen, ist einfach ansteckend.

Egal, ob man tanzen kann oder nicht, man braucht sich hier für nichts zu schämen und ist eingeladen, einfach mitzumachen. Viele Stammgäste geben gerne Tipps und übernehmen beim Tanz gleich die Führung. Aber natürlich ist auch das österreichische Mitschunkeln gerne gesehen. Um den ganzen Platz herum und in allen Gassen, die an den Platz angrenzen, sind die Tische und Bänke vollbesetzt, es werden Cocktails und kleine Sommerjausen angeboten. Man hört die Musik schon aus der Ferne und viele Bars laden dazu ein, die ganze Nacht durchzutanzen, auch wenn man draußen schon keine Musik mehr machen darf, geht es drinnen bei kleinen Aftershow-Partys manchmal bis zum Morgengrauen weiter.

TIPP

Etwas andere Musik gibt es im PPC (Projekt Pop Culture) gleich um die Ecke.

- Latin Live, Lendplatz, 8020 Graz, www.clublend.at
- ÖPNV: Bus 40, 67, Haltestelle Volksgartenstraße

MIONETTO

Ich will doch nur spielen!

59 Ludovico – Verein zur Förderung der Spielkultur

Einfach unmöglich, dass man hier nicht glücklich wird inmitten von rund 3700 Brettspielen, Kartenspielen und Computerspielen. Der Anblick dieser bunten Schachteln, die bis zur Decke reichen, bringt nicht nur Kinderaugen zum Leuchten. Hier müssen sich auch Erwachsene bemühen, nicht in eine Spielextase zu verfallen. Viele Spiele kennt man noch aus der Kindheit, denn neben den neuesten Ausgaben und brandaktuellen Spieletrends findet man auch altbewährte Klassiker. Spielen ist wohl ein Grundbedürfnis der Menschen und Spiele aller Art haben eine Faszination, die bis zum Lebensende nicht verschwindet. Die einen spielen Schach, die anderen Online-Shooter, hier in der Ludothek wird jedenfalls jeder und jede fündig. Obwohl man auch online durch das Angebot stöbern kann, empfiehlt es sich auf jeden Fall, vor Ort vorbeizuschauen. Hier bietet sich ein ideales Schlechtwetterprogramm und eine willkommene Abwechslung zum täglichen Spielplatzbesuch. Das Team ist bestens geschult und kann darüber beraten, welches Spiel für welche Runde, welches Alter und welchen Anlass passend ist. Natürlich darf man auch gleich in der Ludothek loslegen und spielen, was das Zeug hält, oder Spiele gemütlich für zu Hause ausborgen. Eine glückliche gemeinsame Zeit ist hier garantiert.

TIPP

„Pech im Spiel, Glück in der Liebe"!

Regelmäßig werden auch Workshops angeboten, außerdem eine Beratung für Eltern und Erwachsene und sogar komplette Festivals. Beim jährlichen Button-Festival dreht sich beispielsweise alles zwei Tage lang um Online-Spiele, E-Sports und die Zukunft des Spielens. Während jüngere Generationen ganz gut Bescheid wissen, was sich in der Welt der Computerspiele so tut, sollten sich auch ältere Generationen trauen, in dieses neue Feld einzutauchen. Schon einmal eine VR-Brille aufgesetzt? Das wird garantiert eine ganz neue Erfahrung. Für die, die lieber etwas Handfestes greifen wollen, gibt es hingegen das Brettspiel-Festival und die Möglichkeit, im Garten der Ludothek auch Bewegungs- und Motorik-Spiele zu erproben.

● Ludovico, Karmeliterplatz 2, 8010 Graz, Tel. +43 (316) 90 37 02 51, www.ludovico.at
● ÖPNV: Bus 30, Haltestelle Karmeliterplatz

MERCHANT OF VENUS
PRÊT-À-PORTER
NAVEGADOR
CAYLUS
PANAMAX
ARCTIC SCAVENGERS
PLANET STEAM
Franchise
Mombasa
GLÜCK AUF
Cir-Kis
TALISMAN
YAMATAI
DRACHENLAND
Puerto Rico
CONCORDIA
LA ISLA
Takenoko
IMPERIAL
Las Vegas
ROYALE
NIGHTFALL
DAS ARTEMIS PROJEKT
MAGIC
COLONY
Feudalherren
SPY CONNECTION
Puerto Rico
TAPESTRY
Santa Monica
FRESKO
SAGRADA
RIALTO
Valletta
BRÜGGE
ORBIS
ROLL PLAYER
AUSTRIA
EGIZIA
CROWN OF EMARA
Myrmes
GENTES
CHIMERA STATION
LIFT OFF
Inhabit the Earth
STRATEGIE
PANGEA
TAVERNEN IM TIEFEN THAL
SMALL WORLD OF WARCRAFT
Gùgōng
Schlösser
Die Alchemisten
SMALLWORLD
Ladies & Gentlemen
Norderwind
LIBERTALIA
Five Tribes
MEA CULPA
Sail Away
THE CAVE
YEDO
KINGDOM BUILDER
Lords of Xidit
BAD BONES
Kilt Castle
Serenissima
AUGUSTUS
PUZZLE STRIKE
Tribes
Liguria
AUTOMANIA
Istanbul
BIG BOX
Vineta
MING MUN
Village
KASHGAR
Händler der Seidenstraße
ISHTAR
INTERNATIONAL
Lancaster
SCHEIBENWELT
ANKH-MORPORK
WORLD MONUMENT
UNFAIR
Golden Horn
OLYMPUS
DIE HEXEN
SANTA MARIA

Oldtimer made in Austria

60

Im Johann Puch Museum

Etwas abseits des Zentrums, in einem Industrie- und Gewerbegebiet, gut erreichbar über den Murradweg, mit den öffentlichen Verkehrsmitteln oder mit dem Auto befindet sich ein besonderes Museum, das es so nur in Graz geben kann, das Johann Puch Museum. Benannt wurde es nach dem berühmten Unternehmer, Sportler, Industriepionier und Erfinder Johann Puch und nach der nach ihm benannten Fahrzeugmarke. Untergebracht ist es im ehemaligen Einser Werk, in der denkmalgeschützten Halle P. Johann Puch produzierte in Graz ab 1989 Fahrräder, Autos, Motorräder und Mopeds der Marke Styria. Einige der heute skurril anmutenden Gefährte haben bis heute weltweit ihre Fans. Andere Fahrzeuge, wie der Puch-Haflinger-Geländewagen, der Puch-500-Kleinwagen, das Waffenrad oder das Puch-Maxi-Moped konnten mittlerweile einen regelrechten Kultstatus erreichen. Das Beste aber ist, dass 70 000 bis 80 000 dieser alten Vehikel bis heute auf den Grazer Straßen flott unterwegs sind. Sie haben einen nostalgischen Wert, schauen toll aus, aber vor allem sind sie technisch nahezu unverwüstlich, echtes Handwerk „made in Austria“ also.

TIPP

Im Museumsshop gibt es sogar Christbaumkugeln in Form eines Puch-Autos.

Im Museum kann man durch die Geschichte der Mobilität spazieren und taucht in eine Zeit ein, als man Autos noch mit Seidenstrumpfhosen reparieren konnte. Viele Exemplare wecken garantiert ganz persönliche Erinnerungen. Die Fahrräder stammen beispielsweise aus einer Zeit, als man noch im Grazer Radfahrerclub Mitglied war. Johann Puch versuchte zuerst, vor allem Damen für den Fahrradsport zu begeistern, was damals alles andere als selbstverständlich war. Durch sportliche Erfolge wurde das Styria-Rad sogar bis nach England und Frankreich exportiert. Die Autos und Räder wurden für die k.u.k.-Armee gefertigt, der Haflinger, ein kleiner Geländewagen, benannt nach einer heimischen Pferderasse, kam vor allem im Österreichischen Bundesheer zum Einsatz. Heute werden die Räder und Mopeds gehegt und gepflegt und die bedeutendsten Stücke hier ausgestellt.

- Johann Puch Museum, Puchstraße 85, 8020 Graz, Tel. +43 (6 64) 4 20 36 40
www.johannpuchmuseum.at
- ÖPNV: Straßenbahn 5, Haltestelle Lauzilgasse

PUCH
G 25.013

Rote Wangen garantiert

61 Die Rodelwiese am Schloss St. Martin

In Graz gibt es keine Ausreden, bei schlechtem Wetter nichts unternehmen zu können. Abgesehen von Kultur und Gastronomie kann man an vielen Orten kostenlos Sport treiben. Wie wäre es mit Radeln am Murradweg oder auf den zahlreichen romantischen Radwegen, Beachvolleyball am Hasnerplatz, Tischtennis im Augarten, Skaten im Volksgarten, Wandern im Leechwald oder Kajak in der Mur? Und wie sieht es mit Wintersport aus? Es gibt zahlreiche Eisstockvereine in Graz, die sich über Unterstützung und neue Herausforderer freuen. Es gibt Langlaufloipen, Eislaufplätze, ein mutiger Unbekannter hat vor Jahren sogar einmal die Sporgasse als Skipiste umfunktioniert.

Man findet im Grazer Stadtgebiet viele Wiesen und Hügel, die sich zum Schlittenfahren und Rodeln ideal eignen. Gleich neben dem Schloss St. Martin gibt es eine Rodelwiese, die seit Jahren bei Jung und Alt beliebt ist. Unzählige Male gehen die Kinder den kleinen Hügel hinauf und fahren ihn jauchzend und lachend wieder hinunter. Von der Ferne sieht man lauter eingepackte Zwerge durch den Schnee kugeln. Viele Eltern und Erwachsene lassen sich den Spaß nicht entgehen und rodeln gleich selbst mit. Andere unterhalten sich am Fuße des Hügels und wärmen sich an selbst mitgebrachtem Tee oder Glühwein. Man kann mit dem Bus hierherkommen, aber auch mit den Langlaufski vorbeigleiten.

In der Umgebung lassen sich viele schöne Spazierwege durch den verschneiten Wald finden, bei der Landwirtschaftsschule Grottenhof gibt es einen kleinen Bauernmarkt und die Möglichkeit, die Kälber und die Hauskatze zu streicheln. Die Bewegung im Freien an der frischen Luft ist in jedem Fall gut für die Gesundheit. Wenn man sich in der warmen Stube wieder aufwärmen kann, ist das Gefühl nach solch einer körperlichen Ertüchtigung einfach unbeschreiblich schön.

TIPP

Einen Einkehrschwung ins Gasthaus Weber-Kreiner „Zum lustigen Winkel“ mit einplanen.

- Schloss St. Martin, Kehlbergstraße 35, 8054 Graz
- ÖPNV: Bus 33, 66, Haltestelle Grottenhof

Greißlerladen der Zukunft

62 Das Dekagramm

Der „Greißer" ist der österreichische Begriff für Lebensmittelladen. Die Läden waren früher die Nahversorger und führten Waren aller Art, bis sie von den Supermärkten verdrängt wurden. Einer dieser Läden ist in moderner Form wieder in die Stadt zurückgekehrt: „Das Dekagramm". Dahinter verbirgt sich der erste verpackungsfreie Supermarkt der Stadt. Von früh bis spät dreht sich hier alles um Müllvermeidung, Nachhaltigkeit und „zero waste". Nehmen wir das Beispiel Nüsse: In herkömmlichen Supermärkten muss man ein Plastiksackerl Nüsse kaufen. Es gibt nur bestimmte Mengen abgepackt. Sollte man also weniger fürs Backen brauchen, wird der Rest leicht schlecht. Die Produkte kommen von weit her und werden so oft weggeworfen. Viele Lebensmittel sind gleich dreifach in Plastik verpackt und verursachen mehr Müll als Genuss. Dem steuert das Dekagramm entgegen. Man kauft in Gläsern genau die Menge, die man benötigt. Das Glas kann man dann immer wieder neu befüllen. So sollte auch zu Hause kein Müll anfallen.

Es gibt hier ebenso Waschmittel und Hygieneartikel wie Schokolade, Milchprodukte, Gemüse und Obst, Bambusstrohhalme und Zahnseide zum immer wieder Auffüllen, nachhaltige Mode und jede Menge Gewürze. Die persönliche Beratung und die bunte Vielfalt an Köstlichkeiten erinnern eher an alte Greißlerläden bzw. Tante-Emma-Läden als an einen Supermarkt. Hier kann man außerdem einen fairen Kaffee genießen und die Bruchschokolade direkt vor Ort verkosten oder auch an interessanten Workshops teilnehmen. Dabei bekommt man noch mehr Informationen darüber, wie man Müll im Alltag vermeidet und beispielsweise Kosmetik selbst herstellt, das ist nämlich einfach billiger und macht noch schöner.

TIPP

Die kleinere Filiale unter den Arkaden neben der Franziskanerkirche nennt sich „Das Gramm".

- Das Dekagramm, Joanneumring 16, 8010 Graz, Tel. +43 (316) 81 20 08
  www.dasgramm.at
- ÖPNV: diverse Busse und Straßenbahnen, Haltestelle Jakominiplatz

DAS DEKA
GRAMM
RUND UM
BIO
PAPRIKA
1€/Stk

Kopfüber ins Vergnügen

63 Die Haarschneiderei

Was für ein Gefühl! Eine Kopfmassage, frisch gewaschene, duftende, gepflegte, geschnittene, gestylte Haare, mehr Komplimente für einen Friseur kann man kaum finden. Hier in der Haarschneiderei gibt es noch mehr obendrauf. Das Studio ist bunt und mit viel Liebe zum Detail ganz im Retrostil eingerichtet. Am Eingang lacht einem schon die Designerin Lena Hoschek auf einem Plakat von Lupi Spuma entgegen. Die Auslage verrät, was die Kunden und Kundinnen drinnen erwartet, denn da steht zum Beispiel „Schüttel, was deine Eltern dir gegeben haben" oder auch die Warnung „Wunder und Dauerwellen können wir nicht". Die Haarschneiderei hält, was sie verspricht. Alles wurde selbst eingerichtet und mit Retro-Sammelstücken aus den 1950er- bis 1980er-Jahren dekoriert. Auch die Frisöre sind „bunt" und würden in einem Tattoostudio beste Figur machen. Der alte Föhn, Vintage-Magazine, die Retro-Lockenwickler und -Perückenköpfe sind hier nur Dekoration, denn die Haarschnitte sind natürlich modern und zeitgemäß. Doch wer einen „Vokuhila" möchte, dem wird das schmunzelnd auch geschnitten, soll ja einigen gut stehen.

Die Haarschneiderei hat jedenfalls im ehemaligen „Scherbenviertel", dem Bezirk Lend so einiges ausgelöst, denn es wird behauptet, dass sie das erste Lendwirbel-Festival veranstaltet hat, das nun jedes Jahr Tausende Besucher und Besucherinnen anlockt. Die Haarschneiderei hat jedenfalls Farbe in die Gegend gebracht und durch die besten Kontakte zu anderen kreativen Köpfen wurden mehr und mehr Designstudios, kleine Designer-Geschäfte und coole Gastronomie angezogen. Wer gerne den Friseurbesuch nutzt, um die wichtigsten Neuigkeiten zu erfahren, ist hier genauso richtig, wie die, die lieber schweigen und genießen.

TIPP

Hier gibt es auch handgemachte Kränze und Sträuße aus Trockenblumen.

- Die Haarschneiderei, Mariahilferstraße 28, 8020 Graz, Tel. +43 (3 16) 76 43 62
www.diehaarschneiderei.com
- ÖPNV: Bus 40, 67, Haltestelle Volksgartenstraße

Persil
SEMPERIT

Was das Herz begehrt

64 Bei der Kiosk-Queen im Annenviertel

Dieser Kiosk ist kaum zu übersehen. Es duftet nach Crepes, oder wie man in Österreich eher sagen würde, nach süßen Palatschinken. Man hört Musik und man sieht ein bisschen Disko-Beleuchtung durch die Ware durchscheinen. Am Fenster hängen bunte Girlanden und Schirme. Am Boden stehen Cowboystiefel auf Teppichen und in den Fenstern entdeckt man jedes Mal etwas Neues: Schmuck (zum Beispiel Ketten in der Form eines Penis), bemalte Teller, Bierdeckel, Kerzen und Abziehtattoos. Schwer zu sagen, was in den Auslagen das nächste Mal zu finden sein wird, denn das Sortiment ändert sich ständig und scheinbar planlos. Man fragt sich vielleicht zunächst, was das hier soll. Ist es eine Bar, ein kleines Geschäft, eine Wohnung oder ein Büro? Eigentlich ist die Managerie und der Kiosk von Maria Reiner alles gleichzeitig. Hier ist das Büro für die Initiative Annenviertel, es ist ein Co-working-Büro und seit Kurzem ist das einzige Fenster ein kleines Geschäft und „Ein-Fenster-Lokal". Verkauft wird, was Maria gefällt und was sie selbst kaufen oder kosten würde. Es gibt also sehr wohl ein Konzept und einen roten Faden.

TIPP

Maria Reiner kennt sich super aus im Bezirk Lend.

Die „Kiosk-Queen", wie sie sich selbst nennt, ist verantwortlich für viele Veranstaltungen, die den Bezirk Lend ausmachen. Ihr scheinen die Ideen nie auszugehen. Durch das Kiosk-Fenster verkauft sie Kleinigkeiten, Süßes und typische Graz-Getränke wie Makava und Eule-Bier. Im Sommer kann man sich auf die öffentlichen Tische und Bänke setzen und sich bekochen lassen, im Winter gibt es „Hot-Makava" to go. Wer etwas zu erzählen hat, wer gerade hungrig oder durstig ist, wer spontan vor dem Fenster ein EM-Fußballspiel schauen möchte oder wer ein kleines Geschenk sucht, ist hier genau richtig.

● Managerie, Mariahilferstraße 30, 8020 Graz, Tel. +43 (6 50) 3 05 47 25
www.managerie.at
● ÖPNV: Bus 40, 67, Haltestelle Volksgartenstraße

EULE BIER
BITTE AN KLOPFEN
REFILL GRAZ
HEUTE
CRÊPES
Crêpes
HEUTE SPECIAL
mit
Salzkaramell
€ 4,50

Schätze und Kuriositäten

65 Grazer Flohmarktbummel

Seit Jahrhunderten gibt es in Graz mehrmals im Jahr große Flohmärkte Und bis heute haben sie ihre Faszination nicht verloren. Sie werden noch immer an denselben Tagen abgehalten wie einst an wichtigen Markttagen. Einige Fohmärkte haben wirklich klingende Namen, wie der „Langschläferflohmarkt" am Hofbauermarkt, der „Annenviertel-Hinterhofflohmarkt" oder der klassische „Mitfasten-Markt" am Mariahilferplatz. Abgehalten werden sie an ganz unterschiedlichen Plätzen der Stadt.

Der „Antikmarkt" am Hasnerplatz befindet sich beispielsweise inmitten von gründerzeitlicher Architektur und neben Vorgärten. Daran anschließend gibt es den ebenfalls empfehlenswerten Bauernmarkt. Auf dem Antikmarkt werden von März bis Dezember jeweils einmal pro Monat einzigartige, teilweise sehr skurrile und kuriose Dinge vergangener Zeiten verkauft. Darunter sind auch regionale Besonderheiten, die man auf anderen Märkten dieser Welt nur selten findet: alte Postkarten von Maria Zell bis Bad Gleichenberg, Tassen, die mit Porträts von Kaisern und Erzherzögen geschmückt sind, Austropop-Platten, Heimatfilme, altes Bauernwerkzeug und Möbel mit Bauernmalerei, Herrgottswinkel und Reliquienschreine, Gmundner Keramik, Lilien-Porzellan und Austria-Email-Schüsseln, Vintage-Dirndl und -Lederhosen, Steirerhüte, alte Spitzenborten, Glas-Plutzer (Glas-Ballons), Thonet-Möbel oder Pez-Sammelfiguren. Nach manchen Stücken ist man schon jahrelang auf der Suche, andere entdeckt man rein zufällig und wusste noch gar nicht, wie sehr man sie gesucht hat. Vieles wirkt gleich vertraut, andere Kuriositäten muss man sich erst erklären lassen. Wenn diese Dinge nur erzählen könnten, wer sie gemacht, gekauft und verwendet hat, wer sie wiederentdeckt und schließlich wieder erworben hat. Das wäre doch spannend. Jedes gute alte Stück beflügelt unsere Fantasie.

TIPP
Am Flohmarkt wird gehandelt und gefeilscht was das Zeug hält.

- Antikmarkt, Hasnerplatz, 8010 Graz, www.flohmarkt.at, www.graztourismus.at
- ÖPNV: Straßenbahn 5, 3, Haltestelle Hasnerplatz/Pädagogische Hochschule

Die wilden Siebziger

66 Die Terrassenhaussiedlung

Sie ist ein international beachtetes Siedlungsprojekt, in dem 1100 Personen in 522 Eigentumswohnungen leben. Sie wurde von den Architekten der Werkgruppe Graz geplant und in den Jahren 1972 bis 1978 erbaut. Sie ist und bleibt spektakulär und wie vieles, was sich später als zukunftsweisend entpuppt, war sie anfänglich ein Skandal. Die Terrassenhaussiedlung in St. Peter hat eine markante Architektur mit Sichtbeton und Wohneinheiten, die in vier Blöcken übereinandergestapelt wurden. Sie ist fast zur Gänze im Original erhalten und gilt als Ikone der Österreichischen Nachkriegsmoderne und als Beispiel für den Stil des Brutalismus. Man könnte die Terrassenhaussiedlung sogar als Grazer Sehenswürdigkeit bezeichnen und so ist sie auch offen zugänglich.

TIPP

Das Haus der Architektur bietet immer wieder Führungen durch die Siedlung an.

Sie war ein Statement gegen den lieblosen Massenwohnbau der Nachkriegszeit und gegen die Zersiedelung durch Einfamilienhäuser. Wichtig waren bei der Planung die Aspekte Offenheit und Demokratie. Sobald man den Innenhof betritt, bleibt der Lärm der Stadt draußen. Die Wohnungen sind auf die Wünsche der Menschen abgestimmt, jede Wohnung hat eine Freifläche, die Bewohner und Bewohnerinnen konnten zwischen 24 verschiedenen Wohnungstypen auswählen. All das war zukunftsweisend. „Der Stoff aus dem Träume sind", steht auf einer Fassade geschrieben. Die Bewohner und Bewohnerinnen waren bei der Planung beteiligt und hatten ein Mitspracherecht, das war bis dato einzigartig. Von Anfang an sollte eine Identifizierung, ein soziales Miteinander geschaffen werden, also ein neues Zuhause mit vielen Begegnungszonen. Es gibt sogar einen eigenen Fernsehkanal. Von den 1970er-Jahren bis heute fühlen sich die Menschen mit der Siedlung verbunden. Einige wohnen nun schon 40 Jahre dort, andere Wohnungen haben mittlerweile schon mehrere Generationen aufwachsen sehen.

- Terrassenhaussiedlung, St. Peter Hauptstraße 29, www.hda-graz.at
- ÖPNV: Bus 72, 76U, Haltestelle Terrassenhaussiedlung

DER STOFF, AUS
DEM TRÄUME SIND

Der Natur auf der Spur

67 Staunen im Naturerlebnispark

Der Grazer Naturerlebnispark befindet sich nicht am Stadtrand, wo man viel Natur erwarten würde. Er ist mitten, also wirklich mitten in der Stadt, in der Altstadt sogar, gleich neben dem historischen Paulustor. Würde man Graz von oben betrachten, könnte man erst so richtig erkennen, wie grün diese Stadt ist. Es gibt viele grüne Innenhöfe, große Parks und das Glück, direkt im Stadtzentrum das große Areal des Schlossbergs und des Stadtparks zu haben.

Der Naturerlebnispark bietet Wanderungen, Workshops und Veranstaltungen für Kinder und Erwachsene an. Die Kinder dürfen, mit Lupen und Mikroskopen ausgestattet, ihre Umgebung erforschen und lernen dabei auf spielerische Weise etwas über die Flora und Fauna der Stadt. Denn nicht nur wir Menschen leben hier in Graz, wir teilen uns den Raum mit vielen kleinen und großen Nachbarn. Kinder können die Stadtparkbienen besuchen und kleine Rätsel lösen, aber auch angreifen, riechen, schmecken und ausprobieren ist hier erlaubt. Sogar Kleinkinder haben die Möglichkeit, mit ihren Eltern beim Parkwichteltreffen jeden Freitag im Sommer den Grazer Stadtpark zu erkunden. Die Kleinkinder können hier Bilder aus Blättern und Gräsern gestalten oder Insekten unter der Lupe bewundern.

TIPP

Grazer Honig gibt es bei Graz Tourismus, Frida & Fred und bei der Märchengrottenbahn zu kaufen.

Interessant und wichtig auch für Erwachsene ist das Erkunden des „Lebensraums Stadt", des sensiblen Ökosystems und der historisch gewachsenen Grünflächen der Stadt, wie der Vorgärten. Es ist erstaunlich, wie viele Besonderheiten es in Graz gibt, welche Früchte es hier zu ernten gibt, wie alt manche Stadtbewohner sind, wie grell und auffallend einige und wie unscheinbar viele Tiere und Pflanzen sind, die hier leben. Kleine Dinge des Alltags können eine große Auswirkung haben auf diese besondere städtische Wohngemeinschaft. Erwachsene dürfen natürlich auch die besonderen Momente in einem Bienenleben begleiten und am Bienenpicknick inklusive Verkostung teilnehmen oder zusammen mit einer Fotografin in die Welt der Naturfotografie eintauchen.

- Naturerlebnispark, Paulustorgasse 19, 8010 Graz, Tel. +43 (6 60) 6 95 47 00, www.naturerlebnispark.at
- ÖPNV: Bus 30, Haltestelle Paulustor

Stille Nacht, heilige Nacht

68

Das Volksliedwerk und sein Büro für Weihnachtslieder

Der Name „Büro für Weihnachtslieder“ erinnert viele Österreicher und Österreicherinnen an „MA2412“, eine österreichische TV-Serie der 1990er-Jahre, in der das fiktive Amt für Weihnachtsdekoration und seine typische Beamtenbelegschaft für Gelächter gesorgt haben. Das Büro für Weihnachtslieder in Graz gibt es aber wirklich und es ist fast das Gegenteil des MA2412. Das Büro umfasst eine Sammlung von 30 000 Liedtexten, Noten, Gedichten, Texten von Krippenspielen und vielem mehr. Der gemeinsame Nenner ist Weihnachten, wobei das ganze Jahr über im Volksliedwerk Jodler, Teufelsgeigen und Mundartgesänge erklingen.

Im Büro für Weihnachtslieder werden emsig altes und neues Liedgut und Musikstücke gesammelt, archiviert und für die Nachwelt bewahrt. Als Gast und Interessierter kann man sich mit den unterschiedlichsten Anfragen an das Büro wenden, zum Beispiel, wenn jemandem der Text der vierten Strophe des Liedes „Es wird scho glei dumpa“ nicht mehr einfällt, man eine Melodie im Kopf hat und den Namen des Liedes nicht mehr weiß oder wenn man die Noten für ein seltenes Weihnachtslied benötigt oder die Texte eines speziellen Hirtenspiels. Den Mitarbeitern und Mitarbeiterinnen des Büros darf man vorsingen, vorspielen, vorsummen oder einfach erzählen und sie versuchen stets alle quälenden Fragen rund um Weihnachten zu beantworten. Das berühmteste Weihnachtslied der Welt „Stille Nacht“ erklingt hier ebenso wie fast in Vergessenheit geratene steirische Volkslieder, Popsongs und internationale Weihnachtsmusik. Der steirische Heimatdichter Peter Rosegger hat es natürlich perfekt ausgedrückt: „Wer dem Volke sein Lied wiedergibt – das entschwindende, der gibt ihm seine eigene Seele zurück.“

TIPP

Ambulantes Jodel-Training gibt es bei der Jodel-Tankstelle.

● Steirisches Volksliedwerk, Sporgasse 23, 8010 Graz, Tel. +43 (3 16) 90 86 35, www.steirisches-volksliedwerk.at
● ÖPNV: Bus 30, Haltestelle Freiheitsplatz

meine Lieder
deine Lieder
meine Lieder
deine Lieder
Brodinga Musi

Segensreiche Osterjause

69 Fleischweihe vor der Herz-Jesu-Kirche

Ostern ist in Graz aus vielerlei Sicht eine Zeit des Erwachens. Überall blühen Frühlingsblumen und Bäume, die Marktstände sind voller knackiger und saftiger Köstlichkeiten, das Sommersemester an den Schulen hat gemütlich begonnen, die Frühlingsluft sorgt für Frühlingsgefühle, die Stadt erwacht aus einem scheinbaren Winterschlaf und es locken zahlreiche Veranstaltungen und Festivals. Gerade zu Ostern kann man in der Steiermark noch viele seltene Bräuche erleben: das „Eierpecken", um zu testen, welches Ei am härtesten ist, die Osterfeuer, die auch streng bewacht werden müssen, die „Ratschn", die statt der Glocken Lärm machen und von den „Ratschnbuam" gedreht werden, Osterkreuze oder die Fleischweihe am Karsamstag. Letzteres ist eine katholische Tradition in der Steiermark, die sich enormer Beliebtheit erfreut. Vielleicht, weil es dabei um die köstliche Osterjause geht und da will man nur das Beste.

TIPP

Die original steirische Osterjause kann man auf den Bauernmärkten kaufen.

Auf den Marktplätzen, in den Kirchen oder Kapellen, vor Kreuzen oder einfach auf Wiesen, finden die Fleischweihen statt. Vor der Herz-Jesu-Kirche, mitten im Bezirk Leonhard, kann man auch eine solche Fleischweihe miterleben. Aus allen Gassen und aus den Häusern kommen Familien mit ihren Osterkörben. Viele tragen Tracht, und zwar die Festtagskleidung. Die Körbe sehen alle einfach zum Anbeißen aus, vor allem wenn man bedenkt, was darin ist: Würste, Selchfleisch, Kren, Ostereier, Sulz, Palmkatzerl, süßes Osterbrot, Salz, ein Schnapserl, sogar Osterservietten und Schoko-Osterhasen kann man entdecken, eben alles, was anschließend gemeinsam zur Osterjause verspeist wird. Immerhin haben vielleicht doch einige eine 40-tägige Fastenzeit hinter sich. Nach einer kurzen Predigt wird jeder Korb vom Priester geweiht und mit Weihwasser bespritzt. Jeder und jede kann bestätigen, dass nach der Segnung die Osterspeisen besonders gut schmecken, das ist wohl die geheime Zutat.

● Pfarre Graz Herz-Jesu, Sparbersbachgasse 58, 8010 Graz. Tel. +43 (316) 82 62 85
www.graz-herz-jesu.at
● ÖPNV: Straßenbahn 3, Haltestelle Herz Jesu Kirche

JHS
IHS

Grüne Erholung

70 Im Leechwald

Neben den vielen Parks der Stadt und den grünen Innenhöfen sorgt auch der Leechwald dafür, dass in Graz die Grenzen zwischen Stadt und Land verschwimmen und man, egal von welcher Wohnadresse aus, schnell im Grünen ist. Neben dem Leechwald befinden sich die Jugendstilpavillons des Landeskrankenhauses. Hinter dem Wald erhebt sich die berühmte Basilika Maria Trost und am Fuße des Waldes erstreckt sich der wunderschöne Hilmteich mit angrenzendem Villenviertel. Man könnte sagen, dass man, egal, in welche Richtung man sich in den Wald verirrt, in einer interessanten Gegend wieder herauskommt.

Der Wald hat so einiges zu bieten: Adrenalinrausch hoch oben im Klettergarten, zahlreiche Spazierwege, Villen am Rande des Waldes und sogar einen Menschenrechtspfad. Hier sind die Grundsätze der Europäischen Menschrechtskonvention auf Tafeln im Wald zu lesen. Graz ist seit dem Jahr 2000 europäische Menschenrechtsstadt und betreibt das ETC, das Europäische Trainings- und Forschungszentrum für Menschenrechte und Demokratie. Daneben gibt es jede Menge Natur. Nicht selten begegnet man einem Reh, einem Hasen und Vögeln, Insekten und „Eichkatzerln". Am Waldlehrpfad bekommt man noch mehr Informationen über die Vielfalt der Flora und Fauna des Waldes. Hier leben 40 verschiedene Vogelarten und 5000 unterschiedliche Tierarten. Die Hilmteich-Sternwarte überragt den Wald. Der ehemalige Aussichtsturm ist eine Wetterradar- und Forschungsstation. Sie ist leider nicht öffentlich zugänglich.

Sportler und Sportlerinnen kommen ebenfalls nicht zu kurz. Sie können den Orientierungslauf mit Stationen nutzen oder es etwas gemütlicher angehen und einen Spaziergang durch den Wald entlang des Waldlehrpfades machen. Das hat übrigens schon kein Geringerer als Napoleon Bonapartes Bruder gemacht, Louis Napoleon, der sich dabei nicht nur in den Wald, sondern auch in Graz so richtig verliebt hat: „Leb wohl du Stadt, die ich ersehnte, wo meinen Schmerz ich überwand und wo ich neu zu finden wähnte verlorene Freunde, Vaterland."

TIPP

Der Roseggerhof liegt nicht weit von der Waldgrenze entfernt.

- Leechwald, Hilmteichstraße, 8036 Graz, www.holding-graz.at/freizeit/leechwald
- ÖPNV: Straßenbahn 1 oder Bus 41, 58, Haltestelle Hilmteich

Mystisches Wasser

71 Am Naturdenkmal Andritz-Ursprung

Das ist nicht irgendein Wasser, das da von Norden aus nach Graz hineinfließt. Eine ganz besondere Quelle findet man nur ein paar Minuten hinter der Stadtgrenze in Stattegg. Nach einem schönen Spaziergang entlang des Baches Andritz, in dem man Fische entdecken kann, so sauber und klar ist das Wasser, gelangt man zu einem Zaun. Dort sollte man einen Blick auf den kleinen Quellsee werfen. Der Andritz entspringt am Grazer Hausberg Schöckl, um den sich ebenfalls zahlreiche Legenden und Sagen ranken. So sagt man auch, dass dieses Wasser unter dem Schutz der Engel steht.

Das Quellwasserbecken wurde bereits 1570 vom Landesfürsten mit einer Mauer umgeben und Erzherzog Karl II. nutzte dieses, um Forellen zu züchten. Andere bekrönte Häupter und Kaiser besuchten in Folge regelmäßig den kleinen See. Die Quelle ist heute im Privatbesitz der Lorber-Gesellschaft und wird von dieser geschützt. Seit 1978 gilt sie als Naturdenkmal. Nach Anmeldung ist es möglich, das Becken zu besichtigen und auch Wasser aus dem Bach zu zapfen ist erlaubt. Die Legende sagt, dass Jakob Lorber, der „Schreibknecht Gottes", hier eine Engelserscheinung gehabt haben soll. Viele Menschen kommen sogar mit großen Gefäßen und nehmen das Wasser, überzeugt von dessen Kraft, mit nach Hause. Man sagt dem Wasser eine heilende Wirkung nach, es soll rechtsdrehend sein und seine Temperatur ist winters wie sommers konstant bei 10 °C. Sogar Nixen sollen hier im Bach gelebt haben.

TIPP

In der Nähe liegt die Forellenzucht Igler.

An diesem Ort der Stille kann es passieren, dass man in den grünen Wasserpflanzen die eine oder andere Gestalt entdeckt, war das ein Wassermann oder eine Quellnymphe? Wollen wir hoffen, dass die Nixen, Naturgeister und Engel nach wie vor hier zu Hause sind. Wer mit Sagen und Märchen nicht viel anfangen kann, sollte sich trotzdem einen Schluck klares Wasser genehmigen, um sich für die nächsten Spaziergänge zu stärken. Denn wie heißt es in Österreich so schön: „Hilft's nix, schad's nix."

● Lorber-Gesellschaft e.V./Lorberbegegnungsstätte, Ursprungblick 5a, 8046 Stattegg, Tel. +43 (3 16) 69 13 53, www.lorberquelle.de
● ÖPNV: Bus 53, Haltestelle Andritz-Ursprung

216 Stufen gen Himmel

72

Die Basilika Mariatrost

Sie gilt als eine der bedeutendsten Wallfahrtskirchen der Steiermark und als Stätte der Marienverehrung, des Trosts, des Weiblichen und der schönen Aussicht. Sie lockt seit Jahrhunderten Pilger und Pilgerinnen von weit her an. Und sie erstrahlt seit 2021 in neuem Glanz: Die Basilika Mariatrost ist seit 1714 eine anerkannte Wallfahrtskirche. 1999 wurde sie von Papst Johannes Paul II. zur Basilica minor ernannt. Werke des Hofmalers Lukas von Schram sowie der Bildhauer Josef Schokotnik und Veit Königer können im Innenraum bestaunt werden. Die Themen der Fresken reichen von Szenen aus der Bibel bis hin zu den Türkenkriegen und allegorischen Darstellungen der vier damals bekannten Weltteile. Im Mittelpunkt des Hochaltars steht die spätgotische fast lebensgroße Gnadenstatue „Maria mit Kind". Darüber steht die Inschrift „Solatium vitae nostrae", „Trost unseres Lebens". Das Jesuskind hält sich mit einer Hand am Tuch der Mutter fest und in der anderen Hand umklammert es einen Granatapfel, wie ein Spielzeug. Die Szene von Mutter mit Kind wirkt vertraut. Die Kirche gilt als Hochform des österreichischen Kaiserbarocks und erstrahlte lange Zeit im typischen „Schönbrunn-Gelb", ehe man 2021 den originalen Ocker-Farbton wieder anbrachte. Neben Wanderwegen und Straßen führt ein besonderer Weg auf den Purberg hinauf, die Angelusstiege, mit scheinbar unendlich vielen, tatsächlich aber „nur" 216 Stufen, die es allerdings in sich haben. Diesen Weg kann man nutzen, um zumindest eine Mini-Wallfahrt zu erleben und sich die Belohnung nach der 216. Stufe abzuholen: Die Aussicht ist phänomenal und die Kirche mit ihren Kunstschätzen einfach nur atemberaubend.

TIPP

Wie es sich bei einer Pilgerreise gehört: ein Andenken kaufen.

- Basilika Mariatrost, Kirchplatz 8, 8044 Graz, Tel. +43 (31 6) 39 11 45
  www.mariatrost.graz-seckau.at
- ÖPNV: Straßenbahn 1, Haltestelle Mariatrost/Endstation

Sound of Graz

73

Das MUMUTH

Jede Stadt hat ihren ganz speziellen Sound. In Graz müsste es eine Mischung sein: ein Lied im Viervierteltakt, mit Mundart, einem Steirischen Harmonikasolo, natürlich mit Jazzelementen und ein bisschen E-Gitarre à la Sado-Maso Guitar Club, bunt wie von einem Grazer Straßenmusikanten, mit Gesang von Andreas Gabalier und als special guest noch mit dem Refrain von Conchita Wurst, dirigiert von Karl Böhm persönlich. So vielseitig ist die Grazer Musikszene. Einige dieser Klänge kann man aber an einem Ort finden, dem Grazer-Musik-Epizentrum, in der Universität für Musik und darstellende Kunst. Das spektakuläre neue Konzertgebäude, kurz MUMUTH (Musik und Musiktheater) genannt, wird all diesen Musikrichtungen gerecht. Indem sich die Wände verstellen lassen, kann man sowohl die Akustik einer Oper als auch eines Jazzkellers nachahmen.

Graz gilt als Hochburg für Austropop, Volksmusik sowie Klassik und daneben vor allem auch als geheime Jazz-Hauptstadt Europas. Viele Musikstudenten und -studentinnen aus aller Welt verschlägt es im Laufe ihrer Karriere nach Graz und zum Glück für diese Stadt geben sie ihr Können immer wieder in diesen und anderen Hallen zum Besten. Im Rahmen von unterschiedlichsten Konzerten, von der Kammermusik bis zur Big Band, kann man den Studenten des MUMUTH zuhören.

Das MUMUTH, erbaut von Ben van Berkel, hört sich nicht nur gut an, es sieht auch gut aus. Ein richtiger Paukenschlag, um in der Sprache der Musik zu bleiben, ist der „Twist", die knallrote Stiege im Eingangsbereich. Im Sommer veranstaltet die Musik-Uni einen schillernden Sommerball, die lange Nacht der Musikuniversität, bei der an jeder Ecke ein anderer Stil erklingt. Genau das Richtige, um Nachwuchskünstlern und -künstlerinnen, den zukünftigen Stars, zu lauschen, das Tanzbein zu schwingen und eine unvergessliche Sommernacht zu genießen.

TIPP

Ein Konzert im Palais Meran, dem KUG-Hauptgebäude, besuchen.

- MUMUTH – Haus für Musik und Musiktheater, Lichtenfelsgasse 14, 8010 Graz
www.kug.ac.at
- ÖPNV: Straßenbahn 1, 7, Haltestelle Lichtenfelsgasse/Kunstuniversität

Licht in der Nebelzone

74

Der Club Hybrid

„Im südlichen Graz, dort wo sich Gewerbe, Industrie und Einfamilienhäuser gerne treffen, konstruiert und bespielt der Club Hybrid einen Ort des Experimentierens, des Aus- und Darstellens und des Diskurses." So beschreibt sich der Club selbst. Es ist schwer zu sagen, was hier an diesem Ort in der sogenannten Nebelzone von Graz alles passiert und man will sich vonseiten des Clubs auch gar nicht festlegen. Fest steht nur, dass dieses Projekt auf begehrtem Bauland im Kulturjahr 2020 ermöglicht wurde und bestehen bleiben soll. Mit verschiedenen Veranstaltungen wird auf Architektur, Stadtentwicklung, nachbarschaftliche Themen, Grünraum in der Stadt und auf das manchmal so schwierige Miteinander in Städten aufmerksam gemacht. Lösungen werden erarbeitet und das kann von kleinen Problemlösungen für Anrainer bis hin zu Ideen führen, die man sich im globalen Kontext ansehen müsste.

Urban Gardening, Gastronomie, Open-Air-Veranstaltungen wie Gartenkonzerte und sogar Workshops für Schulen machen den Club zu einem Ort, der jeden und jede ansprechen soll. Die weitere Nutzung ist noch offen. Wer Ideen hat und Platz braucht, trete also vor. Im Erdgeschoss befindet sich ein kleines Lokal, im ersten Stock ein Raum und eine große Terrasse und im zweiten Stock kleine „Hotelzimmer" für Künstler und Künstlerinnen. Viel Holz, viel Farbe und viel Platz für Ideen gibt es hier.

Interessant ist nicht nur das Konzept, sondern auch die Wahl des Platzes. Der Club liegt quasi im Niemandsland, in einer Industriezone, in der man nie jemanden spazieren gehen sieht und Menschen höchstens mit dem Auto auf dem Weg zur Arbeit durchfahren. Hier gibt es keine Lokale, keine Geschäfte und keine Wohnhäuser, oder wenn, dann nur versteckt. Menschliche Stimmen, Gespräche und Musik in dieser Gegend zu hören, einen Balkon, einladendes Licht und einen Garten zu sehen, wirkt zuerst irgendwie fremd und dann einfach nur einladend. Auch über solche menschenleeren Industriezonen und wie man sie vermeiden kann, wird im Club Hybrid gesprochen und diskutiert.

TIPP

Gleich nebenan befindet sich die große Grazer Moschee.

- Club Hybrid, Herrgottwiesgasse 161, 8055 Graz, Tel. +43 (6 76) 8 45 96 77 00
  www.clubhybrid.at
- ÖPNV: Straßenbahn 5, Haltestelle Lauzilgasse

HOTEL PENSION
CLUB HYBRID

Alles im Blick

75 Auf der Kronprinz-Rudolf-Warte

Was für eine Aussicht! Kein Wunder, dass schon frühe Grazer Siedler die strategisch wichtige Lage am Gipfel des Buchkogels erkannt haben. Der Name des Bezirks Straßgang leitet sich nämlich vom slawischen Wort „straza“ ab, was „Warte“ bedeutet. Folglich hat hier in der slawischen Siedlungszeit bereits eine Aussichtwarte oder besser gesagt ein Wachturm existiert, um die wichtigen Handelswege in Richtung Süden zu beobachten und zu schützen, im Notfall auch zu verteidigen. Damals hatten die Bauwerke also eher militärischen Nutzen, ganz anders als heute. Heute genießt man von der Kronprinz-Rudolf-Warte, oder Kronprinz-Rudolf-Gloriette, kurz Rudolfswarte, einfach die spektakuläre Aussicht über Graz.

Die Warte wurde 1879 anstelle eines hölzernen Vorgängerbaus am Gipfel des Buchkogels erbaut. Der Sohn Kaiser Franz Josefs und Kaiserin Elisabeths, Kronprinz Rudolf von Österreich, war übrigens offiziell damit einverstanden, dass die Warte nach ihm benannt wird, besucht hat er sie aber nie, da hat er wohl was verpasst. Das Eisengerüst führt zu einer kleinen Plattform. Oben angekommen wird sofort ersichtlich, warum sich seit der Jungsteinzeit Menschen im Raum Graz angesiedelt haben: Berge im Norden als natürlicher Schutz und Barriere, Wasser durch die Mur und die Seitenarme der Mur, der Schlossberg mit Höhlen, um sich schnell in Sicherheit zu bringen und eine fruchtbare Ebene, um gute Ernten einzuholen. Die vielseitige Landschaft der Steiermark und das so diverse steirische Klima sind noch immer ausschlaggebend dafür, dass man sich in Graz so wohlfühlen kann, egal ob es einen mehr ins kühle Gebirge nach Norden zieht, an den Grazer Stadtstrand oder in die Weingegenden der Südsteiermark.

TIPP

Der Ort ist perfekt für das Kinderspiel „Ich sehe was, das du nicht siehst, und das ist ...“.

- Kronzprinz-Rudolf-Warte, Greifenweg 20, 8054 Graz, Parkplätze bei Gasthaus Orthacker, www.graz.at
- ÖPNV: Bus 31, 62, Haltestelle Ankerstraße, ca. 15 Min. Fußweg

Streetart-Mekka

76 Graffiti im Taggerwerk

Auf den Wänden der ehemaligen Tierfutterfabrik, bekannt als Taggerwerk, sind die spektakulärsten Graffitis der Stadt, jedenfalls die großflächigsten, denn das größte Motiv ist sage und schreibe 600 Quadratmeter groß. Die Figuren, Tiere, Objekte, Monster und Gesichter zieren die bis zu 40 Meter hohen Futtersilos aus den 1990er-Jahren. Bei genauerer Betrachtung ist der ganze Komplex atemberaubend und man kann sich hier auf eine regelrechte Schatzsuche begeben. Auf dem Gelände kann man sich relativ frei bewegen, obwohl Teile der Industrieruine noch immer umgebaut werden und andere Winkel bereits genutzt und bewohnt sind. Das Areal wirkt noch ziemlich wild und unaufgeräumt, also sollte man bei der Schatzsuche auf keinen Fall Highheels tragen.

TIPP
Den Zerum-Lagerabverkauf besuchen.

Auf Augenhöhe findet man kleinere Werke, die weniger auffällig sind und etwas bescheidener, aber voller Witz und Charme stecken, wie das Mädchen mit der Schneekugel der Künstlerin Frau Isa und das Frankfurter Würstchen, aber auch einige Zitate und Tags, die erst kürzlich dazugekommen sind. Eine Wand wurde vom Grazer Streetart-Urgestein Nychos gestaltet: ein Drache, der im unverkennbaren Nychos-Stil anatomisch zerlegt ist, sodass sein Skelett sichtbar wird. Das Werk, vielleicht heißt es „Idealism", mit einer nackten Frau und Mao Tse-tung stammt von dem argentinischen Künstler Ever, der interessanterweise Klimt und Schiele als seine Vorbilder nennt und meist reale Menschen aus seinem Leben malt. Von Evoca 1, einem Streetart-Künstler aus der Dominikanischen Republik stammt das Motiv der Kinder mit Hund. Künstler und Künstlerinnen von Graz bis in die USA haben hier beim Livin' Streets Festival ihre großflächigen Motive gesprayt. Auf dem Tagger-Areal gibt es heute Büros und Künstlerateliers, Sportstudios und Lagerräume, aber auch Platz für Konzerte, Lagerabverkäufe, Lesungen und Festivals.

● Taggerwerk, Puchstraße 17, 8020 Graz
● ÖPNV: Straßenbahn 5, Haltestelle Puchstraße

IDEALISM
WC

Ein Hoch auf den Frühling!

77

Die Blümchen-Villa am Ruckerlberg

Im Frühjahr gibt es nur ein Gesprächsthema in der Stadt: Schneeglöckchen oder botanisch Galanthus genannt. Sie gelten als DIE Frühlingsboten schlechthin und ihr Erscheinen soll den wahren Frühlingsbeginn darstellen. Doch sie sind nicht alle gleich. Man sollte einmal darauf achten, wie unterschiedlich Schneeglöckchen sein können, wie kreativ sich Mutter Natur an dieser kleinen Blume ausgetobt hat. Weltweit soll es rund 2000 verschiedene Sorten geben, mit zerfransten Blütenblättern, schmalen Blüten, geschlossenen Blüten, Blättern mit grünen Punkten, mit gelben Fruchtknoten – ein Glöckchen ist jedenfalls schöner als das andere.

Ein Feld von Schneeglöckchen ist nicht nur schön anzusehen, es macht auch Hoffnung, dass die kalte Jahreszeit ein Ende hat. Nach kahlen Bäumen, brauner Erde und dunklen Tagen sind die kleinen grünen Blätter der Blumen wohltuend fürs Auge und die Seele. Am Fuße des Ruckerlbergs findet man eine Villa, deren Garten schon aus der Ferne weiß leuchtet. Der Boden ist nur wenige Wochen lang, meistens von Februar bis März, bis in den letzten Winkel bedeckt mit Schneeglöckchen, ehe sich der weiße Teppich in andere Farben färbt, wenn nämlich die Krokusse zu blühen beginnen. Die Villa ist zwar nicht öffentlich zugänglich, aber den Garten kann man von drei Seiten aus einsehen. Dahinter befinden sich zahlreiche weitere wunderschöne Villen, in ruhigeren Gassen, mit wunderschönen Gärten und einer bunten Blumenpracht. Im ganzen Bezirk Leonhard findet man kleinere und größere Gärten vor den Stadthäusern. Viele werden hingebungsvoll gepflegt, waren sie doch einst die Visitenkarte des Hausbesitzers oder der Hausbesitzerin und so will man auch heute noch einen guten ersten Eindruck bieten. Ein Spaziergang an diesen Stadtgärten und Villen entlang hat zugegebenermaßen etwas Voyeuristisches, in Graz gilt das aber schon fast als Tradition. Der Ruckerlberg mit seinen Villen und Gärten ist zu jeder Jahreszeit einen Spaziergang wert, die üppigste, auch wildeste Blumenpracht findet man aber vor der Blümchen-Villa.

TIPP

Eine Pause in der Konditorei Philipp am Schillerplatz einplanen.

- „Blümchen-Villa", Plüddemanngasse/Ecke Ruckerlberggasse, 8010 Graz
- ÖPNV: Bus 63, 64, Haltestelle Ruckerlberggasse

Klein, aber fein

78

Ausgewählte Kunst in the smallest gallery

Graz trägt den Titel City of Design. Und dem macht die Stadt alle Ehre, denn angefangen von moderner Architektur und Kunst im öffentlichen Raum bis hin zu Modedesignern und Design-Ausbildungsstätten ist alles hier zu finden. Jedes Jahr lockt der Designmonat im Mai Gäste und Einheimische an und die Stadt nutzt die Gelegenheit, sich zu präsentieren. Aber darüber hinaus wird das ganze Jahr über Design gelebt und erlebt. Design soll nämlich nicht nur etwas hinter Glas sein, sondern den Menschen den Alltag erleichtern und verschönern.

Einige Highlights sind bekannt und auf jeder Postkarte sichtbar, wie das Grazer Kunsthaus, unser „friendly Alien", andere, vor allem kleinere Kunstwerke dagegen recht gut versteckt. In einer Hauseinfahrt findet man beispielsweise „the smallest gallery". Obwohl sie nur aus einem Fenster besteht, darf sie sich aber zu Recht Galerie nennen. Es gibt einen Katalog zum Mitnehmen, wechselnde Ausstellungen mit Fotografien und sogar ein Galerie-Kaffee. Gleich gegenüber der Hauseinfahrt befindet sich das „tribeka", ein Kaffeehaus mit großem Fenster zur Galerie hin. So kann man hier besseren Kaffee trinken (tribeka steht für „trink besseren Kaffee"), sich gemütlich setzen und aus dem Fenster hinaus in das andere Fenster hinein die Fotokunst bewundern. Entspannter kann ein Galeriebesuch gar nicht sein. Jeden ersten Montag im Monat wird eine neue Fotografie gezeigt. Die Künstler und Künstlerinnen, die hier ausgestellt werden, sind einem Aufruf gefolgt, haben sich beworben und wurden schließlich aus vielen ausgewählt. Sollte man einen Monat verpasst haben, gibt es die Möglichkeit, am Ende des Jahres noch einmal alle Werke im Forum Stadtpark zu sehen. Hin und wieder sind die Kuratoren und Kuratorinnen der Galerie im Kaffeehaus anzutreffen, dann kann man gleich eine exklusive Führung (im Sitzen) durch die Ausstellung bekommen.

TIPP

Das Forum Stadtpark lohnt auf jeden Fall einen Besuch.

- The smallest gallery – Ort für Fotografie, Grieskai 2, 8020 Graz
www.thesmallestgallery.at
- ÖPNV: Straßenbahn 1, 4, 6, 7, Haltestelle Kunsthaus

Hörst du den Herzschlag?

79 Der Knopf in der Dominikanergasse

Der Herzschlag steht für Leben. Das Herz fängt an zu klopfen, wenn man aufgeregt ist oder verliebt. Man kann sein Herz verschenken, ein Kind unter dem Herzen tragen. Das Herz steht für Liebe und das gilt auf der ganzen Welt. Das vertraute Pochen wird überall verstanden. Nicht nur Lebewesen haben einen Herzschlag, in Graz hat auch der Bezirk Gries seinen eigenen Herzschlag. Der hört sich gesund und lebendig, vielleicht sogar ein bisschen verliebt an. Um den Herzschlag zu hören, muss man ins Herz des Bezirkes vordringen, in Richtung Andrä-Kirche. In dieser Gegend gibt es ohnehin einiges zu entdecken. Viele der interessanten Büros, Kunstwerke, Initiativen und Höfe sind aber nicht gleich auf den ersten Blick zu sehen, da muss man schon genauer hinschauen.

TIPP

Im Büro der Nachbarschaften gleich um die Ecke vorbeischauen.

In der vermeintlich „grindigsten" (hässlichsten) Hausecke der Stadt, neben Graffitis und verdächtigen Flecken auf dem Gehsteig, findet man, wenn man ganz genau hinsieht, einen Knopf. Auf den muss man bestimmt und recht fest drücken und dann einfach nur lauschen. Man wird einen Herzschlag hören, den Herzschlag von Gries. Hinter dieser Ecke mit dieser lustigen Idee befindet sich ein modernes Architekturbüro. Der Eingang zum Büro führt über den kleinen verfallenen Kiosk. Kaum zu glauben, oder? Dieser Herzschlag in dieser Ecke steht exemplarisch für den ganzen Bezirk. Liest man nur die Schlagzeilen und besucht ihn nur flüchtig, so ist er auf den ersten Blick kein „schöner" Bezirk. Aber auf den zweiten Blick steckt er voller Überraschungen, voller Leben und voller Spaß, auch voller Geschichte. Man muss sich nur trauen, genauer hinzusehen. Der Knopf ist ein Relikt der Ausstellung „Find beauty in ordinary places" von Isabel Espinoza aus dem Jahr 2010, die damit auffordern wollte, den öffentlichen Raum mitzugestalten und zu entdecken.

- Dominikanergasse 10a, 8020 Graz
- ÖPNV: Straßenbahn 1, 4, 6, 7, Haltestelle Roseggerhaus

wag

Die Mur in neuem Licht

80 Der Grazer Stadtstrand

Eine neue Attraktion im Lebensraum Stadt ist das Wassersportzentrum, auch Stadtstrand genannt, an der Mur, das durch das Wasserkraftwerk und die vielen Umbauten an der Mur und an den Murauen entstanden ist. In Graz hatte man fast vergessen, wie man die schöne Mur seit jeher nutzte. Ihr Wasser wurde natürlich getrunken, damit wurden Feuer gelöscht, auf der Mur wurde mit Flößen Handel betrieben und in ihrem Wasser die Wäsche gewaschen. Nun wird in diesem Abschnitt der Mur das Wasser und das Ufer von Menschen wiederentdeckt und regelrecht neu erforscht. Man kann hier Boote ausborgen, Kanu oder SUP fahren, in Liegestühlen liegen und sich sonnen, sich ein kühles Getränk vom Kiosk holen und sogar (auf eigene Gefahr) in der Mur baden oder sich in der „Lebensader der Steiermark" etwas erfrischen. Gleich angrenzend liegt die alte Seifenfabrik, in der es zahlreiche Veranstaltungen das ganze Jahr über gibt. Richtig „urban live style" und trotzdem fast nur von Natur umgeben könnte man die Gegend rund um den Hafen der Stadt und den neuen hölzernen Puchsteg beschreiben. Es gibt keinen Konsumierzwang und vor allem noch weiter in Richtung Süden, also in Fließrichtung, findet man zahlreiche Bänke, den großen Grünanger Spielplatz, Holzstege, Auenlandschaften, Blumenwiesen und Plätze, die zum Verweilen einladen, was auch immer man vorhat. Großzügige Flächen sind nur den Tieren und der Natur vorbehalten, wie ein eigener kleiner Bereich für Schlangen, also für Tiere, die eigentlich oft keine mächtige Lobby haben. Sehr praktisch verläuft der Murradweg durch diese neue Landschaft, sodass man diese am besten mit dem Drahtesel erreichen kann und in zehn Minuten sowohl am Grazer Hauptplatz als auch an der Stadtgrenze und bei den Auwiesen ist. Bleibt nur zu wünschen, dass die Bäume schnell wachsen und bald auch mehr schattige Plätze für Mensch und Tier entstehen.

TIPP

Die Mur ist kein Freibad, also bei allen Wasseraktivitäten achtsam sein.

● FlussFluss @ Stadtstrand, Andersengasse 59, 8041 Graz, www.stadtstrandgraz.at
● ÖPNV: Bus 34E, Haltestelle Willi-Thaler-Straße

nrs
nrs

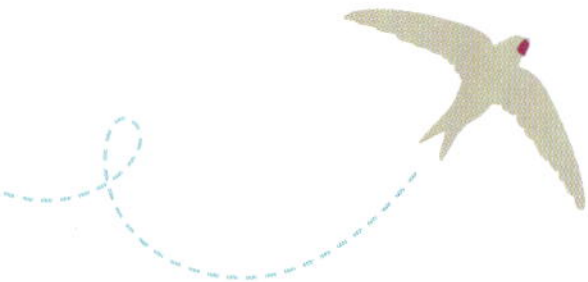

Bibliografische Informationen der Deutschen Nationalbibliothek
Die Deutsche Nationalbibliothek verzeichnet diese Publikation in der Deutschen Nationalbibliografie; detaillierte bibliografische Daten sind im Internet über http://dnb.d-nb.de abrufbar.

Konzeption/Satz: Droste Verlag, Düsseldorf
Einbandgestaltung und Illustrationen: Britta Rungwerth, Düsseldorf, unter Verwendung von Bildern von © Fotolia.com: jd - photodesign.de; © iStock: Plociennik Robert
Fotos: Ruth Nezmahen, außer:
S. 17: Adobe Stock/Dayna; S. 21: Adobe Stock/Blumesser; S. 41: La Strada Graz/Nikola Milatovic; S. 55: tag.werk/Studio Lou; S. 81: Graz Tourismus/Harry Schiffer; S. 101: IventsKulturagentur/Ulrike Rauch; S. 119: Adobe Stock/photoflorenzo; S. 143: Eva Heizmann; S. 153: Alexander Wenzel

FSC
www.fsc.org
MIX
Papier aus verantwortungsvollen Quellen
FSC® C011279

Druck und Bindung: LUC GmbH, Greven
ISBN 978-3-7700-2361-5

www.droste-verlag.de